Introdução ao estudo do léxico

BRINCANDO COM AS PALAVRAS

Rodolfo Ilari

Introdução ao estudo do léxico
Brincando com as palavras

Copyright © 2002 Rodolfo Ilari
Todos os direitos desta edição reservados à
Editora Contexto (Editora Pinsky Ltda.)

Preparação de originais
Camila Kintzel

Diagramação
Fábio Amancio
Texto & Arte Serviços Editoriais

Revisão
Vera Lúcia Quintanilha
Texto & Arte Serviços Editoriais

Projeto de capa
Antonio Kehl

Dados Internacionais de Catalogação na Publicação (CIP)
(Câmara Brasileira do Livro, SP, Brasil)

Ilari, Rodolfo.
Introdução ao estudo do léxico – brincando com as palavras / Rodolfo Ilari. 5. ed., 2ª reimpressão. – São Paulo : Contexto, 2024.

Bibliografia
ISBN 978-85-7244-194-0

1. Linguística. 2. Português – Estudo e ensino. 3. Português – Gramática. 4. Português – Semântica. I. Título.

01-0818   CDD-469.2

Índice para catálogo sistemático:
1. Semântica: Português: Linguística   469.2

2024

EDITORA CONTEXTO
Diretor editorial: *Jaime Pinsky*

Rua Dr. José Elias, 520 – Alto da Lapa
05083-030 – São Paulo – SP
PABX: (11) 3832 5838
contato@editoracontexto.com.br
www.editoracontexto.com.br

Proibida a reprodução total ou parcial.
Os infratores serão processados na forma da lei.

Prefácio

Profundo conhecedor dos segredos da linguagem, pesquisador dos mais lúcidos e argutos, linguista atuante em todas as áreas desse ramo do conhecimento, visceralmente comprometido com a sua prática e com as questões de ensino da língua, Rodolfo Ilari nos oferece agora este novo produto de suas reflexões: *Introdução ao estudo do léxico – brincando com as palavras*, partindo da mesma convicção que o levou a escrever *Introdução à Semântica – brincando com a gramática* (Contexto, 2001): "quem quiser compreender como acontece a significação das mensagens linguísticas tem interesse em pensar essas mensagens como construções, nas quais tanto as peças escolhidas como os processos pelos quais as juntamos produzem significação".

Se em *Introdução à Semântica* tratou mais especificamente da sintaxe (isto é, dos processos que nos permitem juntar as palavras) como construção de sentidos, desta vez o autor centra o foco de atenção nas palavras, essas peças multifacetadas que compõem as construções sintáticas como ingredientes significativos das mensagens linguísticas. Todavia, o seu "brincar com as palavras" toca nas questões básicas da construção dos sentidos nos mais variados gêneros textuais.

Nas vinte e cinco rubricas que compõem a obra, com base em uma coleção de materiais linguísticos dos mais variados e sempre fiel aos seus problemas preferidos, como bem ressalta Geraldi em seu prefácio ao livro *Introdução à Semântica*, intitulado "Sagacidade, argúcia e lupa", Rodolfo Ilari conduz seus leitores a uma reflexão (epilinguística) sobre a linguagem, procurando levar seu destinatário privilegiado – o futuro professor da língua materna – por meio de diferentes práticas de análise e exercícios criativos e diversificados, a refletir sobre os recursos linguísticos em seu funcionamento, de forma que com base nessa reflexão, não só seja capaz de extrair conhecimento sobre a linguagem como também tornar-se apto a ensinar seus futuros alunos a pensar de maneira crítica e independente.

Assim, Ilari comprova mais uma vez ser um dos linguistas brasileiros que mais se destacam pela profundidade de seus conhecimentos, pela versatilidade com que transita pelos vários campos da ciência da linguagem, pela necessidade imperiosa que sente em estabelecer a ponte teoria-prática e pela constante preocupação com o ensino de língua e com os professores que nele militam, enfrentando, entre as mil outras dificuldades que todos nós tão bem conhecemos, a falta de material didático apropriado e de orientação sobre como utilizá-lo adequadamente em suas aulas.

Este livro é um farol que ilumina esse caminho!

Campinas, janeiro de 2002
Ingedore Grunfeld Villaça Koch

Sumário

Ambiguidades 9

Anglicismos 19

Antonímia 25

Arcaísmos 31

Campos lexicais 39

(In-) compatibilidades entre partes de uma sentença 47

Definições 55

Distribuição: os constituintes da oração 65

Estrangeirismos 73

Etimologia 81

Flexão nominal 87

Formação de palavras novas e sentidos novos na língua 95

Homonímia 103

Motivação icônica 111

Nexos entre orações 117

Números 127

As palavras-pro 135

Reconhecimento de formas de um mesmo paradigma flexional 145

Polissemia 151

Predicados de predicados; predicados de eventos 159

Sinonímia 169

Substantivos contáveis e não contáveis 175

Sufixos 181

Termos genéricos e termos específicos 187

Variação diastrática e de registro (níveis de linguagem) 195

Ambiguidades

Objetivo

Alertar para os fatores linguísticos que provocam ambiguidade. Mostrar a possibilidade de neutralizar as ambiguidades mediante operações de ordem sintática ou semântica e pela inserção das sentenças em contextos maiores.

Caracterização geral

Ambiguidade é a característica das sentenças que apresentam mais de um sentido.

Um bom teste para saber se uma sentença tem mais de um sentido consiste em propor a ela duas reformulações, inventando em seguida uma situação em que a primeira reformulação seja verdadeira e a segunda falsa ou inaplicável.

Tomemos como exemplo esta manchete de jornal (*FSP*, 17.10.1996)

Ladrões inovam no ataque a mulheres em carros

Primeira reformulação: "Os ladrões descobrem novas maneiras de atacar mulheres motoristas."

Segunda reformulação: "Ladrões que atacam de carro descobrem novas maneiras de atacar mulheres."

Situação-teste: Imagine que essa frase fosse usada em 1940, quando as mulheres não dirigiam. A primeira reformulação não se aplicaria, a segunda poderia ser verdadeira.

Pode-se então concluir que a manchete em questão é ambígua.

Material linguístico

Os fatores linguísticos da ambiguidade são muitos. Eis alguns:

A sentença aceita duas análises sintáticas diferentes:
Ex. *Ambulante vende clandestino no centro* (*FSP*, 2.8.1998)
["Ambulante vende clandestinamente..." / "Clandestino é vendido no centro"].

Um mesmo pronome aceita dois antecedentes;
Ex. *Duquesa de York diz que nobreza quer manchar sua imagem* (*Hoje em Dia – BH*, 20.1.1996) ["[...] manchar a imagem da duquesa" / "[...] manchar a imagem da nobreza"];

Uma mesma palavra tem dois sentidos diferentes;

Um mesmo operador se aplica de duas maneiras diferentes aos conteúdos da sentença
Ex. *Palmeiras só empatou com Bahia pelo Brasileiro* – 1996 (*FSP*, 11.8.1996) ["Jogando contra o Bahia pelo Brasileiro de 1996, o Palmeiras não vai além do empate" / "A única ocasião em que o Palmeiras empatou com o Bahia até hoje foi durante o Campeonato Brasileiro de 1996"]

Uma mesma sequência de palavras pode ou não ser interpretada como uma frase feita.
Ex: A – O Senhor Guimarães caiu das nuvens.
B – Ficou surpreso com alguma coisa?
A – Não, caiu das nuvens mesmo. O avião em que ele voava sofreu uma pane.

Além dos fatores que chamamos aqui de linguísticos, a ambiguidade pode derivar de nossa dificuldade em decidir se as palavras foram usadas "literalmente" ou de maneira indireta (por exemplo: para fazer ironia). Todos nós já passamos pela difícil situação de não saber se determinada frase nos foi dita ironicamente, ou se continha alguma indireta.

Atividade

Conte um "caso" que tenha por fundamento a interpretação equivocada de uma informação ou de uma ordem.

Exercícios

1. As ambiguidades sintáticas são muito comuns nas manchetes de jornais. Veja estas e compare em seguida com o conteúdo da matéria. Analise:

(1) Quais são as interpretações sugeridas pelas manchetes?
(2) Qual dessas interpretações prevalece na notícia?

Pelé critica futebol movido por dinheiro

Budapeste (APF) – O dinheiro destruiu a beleza, o atrativo e o lado espetacular do futebol, pois os patrocinadores de hoje só exigem eficiência e gols, Pelé comentou ontem em Budapeste. "Os jogadores de hoje já não jogam por prazer. Não têm nada o ver com Puskas, a estrela dos anos 50 que eu considero meu mestre...

[A Tarde, Salvador, 6.9.1994]

Detido acusado de furto de processos

A Polícia Civil de São Paulo prendeu funcionário do Poder Judiciário acusado de liderar esquema de furtos de processos nos tribunais paulistanos.

[FSP, 8.7.2000]

Banespianos exigem reajuste salarial e abono da FENABAN

[O Conselho, 14.10.1996]

Time pega Flamengo sem cinco titulares

da Reportagem Local

O São Paulo não terá cinco titulares contra o Flamengo, amanhã, no Morumbi. Axel, Pedro Luís, Djair e Belletti, suspensos, e Aristizábal, na seleção colombiana.
"Temos bons reservas, mas o time sentirá falta de entrosamento", disse o técnico Parreira, que ainda não definiu os substitutos.

[FSP, 1.10.1996]

AGROTÓXICOS

Plantação de fumo será investigada

Saúde apura causas de suicídios no Sul

CARLOS ALBERTO DE SOUZA
da Agência Folha em Porto Alegre

O Ministério da Saúde deve realizar um Inquérito epidemiológico para apurar as causas das mortes por suicídio na região do Vale do Rio Pardo (RS).
Há suspeita de que a contaminação por agrotóxicos organofosforados esteja associada a 21 suicídios ocorridos em 95 em Venâncio Aires, uma das cidades do Vale, a maioria delas envolvendo agricultores que plantavam fumo [...]

[Folha de São Paulo, 1.10.1996]

JOSÉ SIMÃO

A Migalha! 'Fiz o mínimo possível', diz FHC

Buemba! Buemba! Macaco Simão urgente! O braço armado da gandaia nacional! A melhor piada sobre o salário mínimo é o próprio salário mínimo! Dessa vez o Don Doca se superou no deboche. Mais um capítulo de "A migalha". Cento e 51. Boa ideia, toma uma 51 e esquece o resto do mês! E adorei esse UM real. Por que ele não deu 150 e Um passe? E o que fazer com esse um real? A Babi, do "Programa Livre", acha que a melhor coisa a fazer é "emoldurar e colocar na parede". Ou então enrola e manda pro Malanta! E eu que tinha dito que não tava falando muito de rei eleito FHC porque é pecado chutar cachorro morto. E aí uma leitora disse: pois o cachorro morto acabou de abanar o rabo. Lançou o salário mínimo. Aliás, diz que ele disse: "Fiz o mínimo possível"...

[*FSP*, 25.3.2000]

2. Mantendo os mesmos títulos, escreva uma notícia para cada uma das interpretações que foram descartadas no exercício 1.

3. São muitas as piadas que tiram proveito de alguma ambiguidade. Quando isso acontece, geralmente rimos da personagem que, contrariando o bom-senso, escolheu a interpretação menos apropriada. Veja as piadas transcritas a seguir e explique quais são as duas interpretações em jogo.

(a)
Marido 1 - Como você ousa dizer palavrões na frente da minha esposa?
Marido 2 - Por quê? Era a vez dela?

(b)
Indivíduo A - Não deixe sua cadela entrar em minha casa. Ela está cheia de pulgas.
Indivíduo B - Diana, não entre nessa casa. Ela está cheia de pulgas.

(c)
Marido - Quando começarem as obras do porto, minha velha, eu hei de te mostrar como sei ainda fazer uma atracação.
Mulher - Sim, mas compra primeiro um cabo novo.

(d)
Indivíduo A - A primeira coisa que faço quando acordo de manhã é tocar a campainha para chamar a criadagem.
Indivíduo B - Você tem criados?
Indivíduo A - Não, mas tenho a campainha.

(e)

A mulher entra numa loja de roupas femininas, chama o vendedor e pergunta:
- Senhor, posso experimentar este vestido na vitrine?
O vendedor responde:
- Será que a senhora não preferiria experimentar no provador?

(f)

Quando a namorada disse para o rapaz que estava cheia dele, ele perguntou:
- E para quando é?

(g)

- Desculpe, querida, mas eu tenho a impressão de que você quer casar comigo só porque herdei uma fortuna do meu tio.

- Imagine, meu bem! Eu me casaria com você mesmo que tivesse herdado a fortuna de outro parente qualquer!

(h)

- Garçom, um chope!
- Não servimos menor de idade.
- Pode ser um chope adulto, eu não ligo.

(i)

Uma moça liga para uma loja de materiais de construção e pergunta:
- O senhor tem saco de cimento?
- Sim.
- Puxa, então o senhor deve usar cueca de aço.

4. Retorne às piadas do exercício anterior. Verifique, para cada uma dessas piadas, qual é o fator (dentre os listados no "Material Linguístico") que causou a ambiguidade em questão.

5. Aqui vão mais algumas piadas que também se originam de alguma ambiguidade. Explique essa ambiguidade com suas próprias palavras.

Aula de catecismo
- Qual dos alunos sabe onde está Deus? - perguntou o professor.
- No banheiro de casa! - responde o Joãozinho, levantando o dedo.
- No banheiro de sua casa, Joãozinho???
- É sim, professor! Todos os dias a mamãe bate na porta do banheiro e pergunta:
- Meu Deus, você ainda está aí?

Seu Agenor
O pai, a caminho do hospital, dizia para o filhinho que o acompanhava:
- Olha aqui, Franciusquinho, nós vamos visitar o seu Agenor, mas você, pelo amor de Deus, não vá falar nada do nariz do seu Agenor.
O menino balançou a cabeça positivamente. Chegaram no hospital e o menino já vai logo olhando pra cara do seu Agenor. Olhou dum lado, olhou do outro, todo confuso, olhou pro pai e disse:
- Ué, papai! Não entendi por que o senhor pediu pra eu não falar nada do nariz do seu Agenor!... O seu Agenor não tem nariz!

Bêbado valente
Dois bêbados estão no bar e começam a perturbar um valentão. Um deles leva um soco na cara e cai com tudo no chão. E o outro bêbado se dói:
- Ah, Antônio! Eu... se... eu fosse você... não aguentaria uma porrada dessa não!
Nisso o valentão mete a mão nele também que cai do outro lado da mesa e diz:
- E... não te falei, Antônio/ Que eu também não aguentava?

14 Introdução ao estudo do léxico - brincando com as palavras

Oxigênio

O oxigênio, disse o professor, é essencial à vida! Não pode haver vida sem ele; o oxigênio foi descoberto há pouco mais de um século.
- Puxa! disse Carlinhos; – e como é que o pessoal se virava antes de sua descoberta?

A sogra e o genro

A secretária, ao telefone, diz ao patrão:
- Doutor Marcelo, telefone para o senhor! É a sua sogra. Ela está na linha! O senhor fala com ela ou quer que eu a mande esperar?
- Manda ela esperar, é claro! Até o trem passar!

Reza antes da refeição

A professora pergunta ao Pedrinho:
- Pedrinho, lá na sua casa vocês rezam sempre antes das refeições?
- Não, professora, tamos descansados. A mãe cozinha muito bem.

Tele-esperto

- O que você está fazendo, filho? Colocando a televisão no freezer?
- Quero congelar a imagem, mamãe.

Ratão

Uma mulher entrou, afobada, numa loja. Estava com muita pressa.
- Por favor, rápido, uma ratoeira – pediu ao balconista.
- Uma ratoei...?
- Sim, sim, mas rápido, por favor. Tenho de pegar o ônibus!
- Ah, mas ratoeira desse tamanho nós não temos, minha senhora.

Saúde de ferro

Num lugarejo, comemora-se o aniversário de um homem de 100 anos. O prefeito, muito orgulhoso, dirige-se ao velhinho e diz:
- Vovô, meus parabéns. No próximo ano espero festejar seus 101 anos.
O ancião olha demoradamente para o prefeito e fala:
– Por que não? Você não me parece estar doente.

6. No trecho a seguir (extraído de uma matéria da *Gazeta de Barão*, um jornal de bairro da cidade de Campinas, edição de agosto de 1993) há duas passagens mal redigidas. Aponte essas duas passagens e explique uma delas pelo uso inadequado de um anafórico, que sugere uma interpretação diferente da desejada:

"O que incomoda a população [...] é o piolho da cabeça, que se hospeda geralmente em crianças em idade pré-escolar. Não se sabe ao certo o porquê da maior incidência em crianças, mas se acredita que seja provavelmente pelo contacto mais íntimo entre elas. Afinal, só pode ocorrer infestação se a criança entrar em contacto com outra, desmitificando assim que o piolho voa ou que o uso em comum de pentes e escovas pode ser transmitido.
Outro mito [...] é a transmissão do piolho animal para o ser humano. "Isto não existe porque cada espécie tem seu piolho e se o parasita picar outra espécie que não seja a sua, morre".

Ambiguidades   15

7. Veja esta piada:

Um pai leva o filho ao médico:
— Doutor, meu filho não abre o olho.
— Quem tem de abrir o olho é você: não vê que o menino é japonês?

Seu fundamento linguístico é a possibilidade de entender "abrir o olho" como uma frase feita (significando "ficar esperto") ou composicionalmente ("abrir" + "o" + "olho"). Conte mais cinco piadas que tenham por fundamento esse mesmo tipo de ambiguidade.

8. Dekassêguis

O tabloide *Papo Livre* é editado em São Paulo e divulga as realizações de um vereador cujo nome indicaremos apenas pelas iniciais A.N. Em uma edição de julho de 1996, esse jornal trazia, logo abaixo do título, *"Vereador pede apoio aos dekassêguis"*, a seguinte transcrição de um discurso pronunciado pelo tal vereador:

> [...] nos últimos anos em função de nossas dificuldades econômicas, mais de 150 mil trabalhadores brasileiros, em sua maior parte descendentes de japoneses, estão no Japão, conhecidos como dekassêguis, conquistando melhores salários e cooperando para o desenvolvimento em todos os setores daquele país amigo, motivo pelo qual peço a todas as autoridades uma atenção especial àqueles irmãos brasileiros que se encontram em sua grande maioria, sem seus amigos e familiares, para que juntos possamos minimizar as suas dificuldades e lutar para que tenham uma vida mais digna e ascensão cada vez maior.

Para quem lê a notícia, fica claro o que se quis dizer no título: (1) o pedido do vereador é dirigido às autoridades, (2) as autoridades deveriam apoiar os dekassêguis [cidadãos brasileiros de origem japonesa, que vão ao Japão em busca de trabalho]. Mas o título se presta também a uma outra interpretação, não desejada.

a) Formule com suas palavras essa segunda interpretação do título.
b) Esclareça: a quem é dirigido o pedido do vereador e quem deveria apoiar quem nessa outra interpretação?
c) Escreva uma brevíssima notícia que seja coerente com a segunda interpretação do título.
d) A dupla interpretação que afeta o título acima resulta do fato de que duas palavras nele empregadas regem a mesma preposição. Quais são as palavras e a preposição em questão?
e) Modifique o título de modo a tornar impossível a interpretação indesejada.
f) Que diferença faz para o sentido saber que *aos dekassêguis* é complemento de *apoio* ou de *pede*?

9. Dada uma construção *Si + conjunção + Sj,* em que *Si* e *Sj* são duas sentenças completas, a possibilidade de negar aplica-se em princípio a três lugares distintos: *Si, Sj* ou ao nexo expresso pela própria conjunção. Podemos assim prever que diferentes aplicações da negação sobre

$$Si + conjunção + Sj$$

resultarão em sete esquemas distintos, contendo uma ou mais negações. Se indicarmos a negação por um traço, as possibilidades são, de início, as seguintes

$\underline{S}^i + conjunção + S^j$ $Si + \underline{conjunção} + S^j$ $Si + conjunção + \underline{S}^j$

$\underline{S}^i + \underline{conjunção} + S^j$ $\underline{S}^i + conjunção + \underline{S}^j$ $\underline{S}^i + \underline{conjunção} + \underline{S}^j$

$\underline{S}^i + \underline{conjunção} + \underline{S}^j$

Assim, a partir da frase

(1) Viajou porque queria ver os pais

podemos imaginar uma série de construções negativas: *Não viajou porque queria ver os pais, Viajou porque não queria ver os pais, Se não viajou não foi porque não queria ver os pais, Não viajou, porque não queria ver os pais* etc., que correspondem a uma ou outra daquelas fórmulas. (Note que a verbalização das várias fórmulas pode exigir manobras complicadas, como a clivagem por "é que" ou o uso de um tipo especial de oração condicional):

a) Pede-se que você dê exemplos de todas as combinações possíveis a propósito de uma frase de sua escolha em que, como em (1) acima, a conjunção seja *porque.*

b) Depois de responder à pergunta anterior, tente substituir *porque* por *pois* em seus exemplos e comente os resultados dessa tentativa.

10. Esta bonita propaganda, criada pela agência Z+G Grey para homenagear os jornalistas, lança mão de alguns nomes de animais que, na linguagem de certas atividades, assumem um sentido específico:

Os tubarões do orçamento,
os elefantes das estatais,
os cobras da informática,
as zebras do futebol, as gatas
da moda e os dinossauros
do rock. Para lidar com
todos estes bichos, só
começando como foca.

A propaganda em questão pode ser explicada, parcialmente, por esta tabela:

Coluna 1	Coluna 2	Coluna 3
tubarão	*finanças*	*grande capitalista*
elefante	*empresas estatais*	*empresa de gestão emperrada*
foca	*jornalismo*	*repórter iniciante*
etc.		

Dê um bom título a cada uma das colunas; tente lembrar se você conhece outros nomes de animais que não estão na propaganda e são utilizados para indicar profissões ou tipos humanos.

Anglicismos

Objetivo

Examinar alguns anglicismos que foram incorporados pelo português do Brasil, mostrando que sua incorporação acompanhou a assimilação dos artefatos, tecnologias e hábitos que eles nomeiam.

Caracterização geral

Em todas as épocas, o contato de povos que têm culturas e línguas diferentes resulta numa circulação de hábitos, tecnologias e artefatos que são recebidos com seu respectivo vocabulário. Dá-se o nome de anglicismos às palavras e às construções gramaticais que o português "recebeu" do inglês.

Material linguístico

A tendência das palavras recebidas de outras línguas é serem reconhecidas, num primeiro momento, como palavras estrangeiras, porque soam diferentes e se escrevem segundo a grafia da língua de origem. Aos poucos, acontece uma "adaptação" tanto da pronúncia como da grafia; com isso, as palavras "importadas" acabam por confundir-se com as palavras mais antigas da língua

whiskey > wiski > uísque

As palavras estrangeiras são mais facilmente aceitas quando se aplicam a objetos, técnicas ou modos de viver que são em algum sentido "novos"; assim, a assimilação de palavras estrangeiras acontece na maioria das vezes como parte de um processo de assimilação que não é apenas linguístico, mas cultural.

O português do Brasil recebeu muitas palavras do inglês, sobretudo nos séculos XIX e XX; trata-se de palavras ligadas ao vestuário, comércio, esporte, cinema e tecnologia. Um ramo da tecnologia responsável hoje pela transferência ao português do Brasil de uma grande quantidade de anglicismos é a informática.

Atividades

Quando o futebol começou a se popularizar no Brasil, os brasileiros viram-se às voltas com palavras inglesas que identificavam, por exemplo, as posições ocupadas pelos diferentes jogadores no campo e as principais jogadas. Muito desse vocabulário acabou sendo substituído ou adaptado ao longo do tempo. Veja como um cronista que viveu na primeira parte do século XX relembra aqueles jogos; em seguida, imagine-se no papel de locutor de rádio ou repórter de campo daqueles tempos e "transmita" alguns minutos de jogo.

"Naquele tempo, toda a terminologia futebolística era em língua inglesa, pois a prática do "association football" (abreviadamente "soccer") era regida pelas regras introduzidas no Brasil por um grupo de ingleses a cuja frente se encontrava, se não me engano, um tal de Charles Miller. Assim, os jornais, ao descrever uma partida em todos os seus detalhes, vinham repletos de termos empregados na grafia original, pois a nacionalização das expressões futebolísticas ainda não tinha sido empreendida.

A disposição dos "players" (jogadores) no "ground" (campo) para o "kickoff" (pontapé inicial) era publicada no jornal em forma de pirâmide, em cujo vértice se colocava o "goalkeeper", num esquema que seria o seguinte: 1-2-3-5. Estes números correspondiam, além do goleiro, aos dois backs direito e esquerdo: aos três "halves" e aos cinco "forwards". Quem jogava na direita ou na esquerda mantinha-se em sua posição, enquanto que o "center-half" e o "center-forward" podiam movimentar-se de um lado para outro do campo. Tirada a "toss" e escolhido o campo, o "referee" trilava o apito iniciando-se com o "shoot" do centro-avante a partida. As infrações como os "hands", os "falts", os "offsides" e os "penalties" assim como o recurso do "corner" eram comentados pela crônica esportiva, que descrevia lance por lance a peleja. Com o aportuguesamento da palavra futebol (alguns gramáticos defenderam ludopédio ou bolipede) e demais termos ingleses o "goal-keeper" passou a ser guardião, guarda-vala, guarda-meta ou goleiro. O "back" passou a ser zagueiro. O "half" hoje é médio e o "forward" avante, assim como o "referee" é o árbitro. Surgiram, então, escanteio, impedimento e toque de mão para designar "corner", "off-side" e o "hand".

A terminologia da criançada era em inglês deturpado, entretanto. Tomando conhecimento de oitiva dessa terminologia, nossa gente miúda a aplicava estropiando a pronúncia, adotando a prosódia condizente com a sua cultura, aliás de acordo com o espírito de nossa língua: "Half" e "hand" (desconhecia-se o agá aspirado da língua inglesa) eram simplesmente alfo e ende. As várias categorias da equipe eram assim designadas gortipa, beque, alfo e linha. O beque central era centeralfo. O tranco e outras safadezas constituíam fau, sendo permitida a "marreta". Não havia "filigranas" como agora, nem passos de minueto. O "violento esporte bretão" era jogo para machões, dele só participando quem entrasse em campo sem amor à pele..." ("Os ludopedistas do "violento esporte bretão", em Oito bananas por um tostão: crônicas campineiras. Campinas, Secretaria Municipal de Cultura, Esportes e Turismo, 1955).

Pesquise com alguém mais velho o que vinha a ser a prática do *footing*. Explique o que isso tem a ver com o sentido da palavra inglesa *foot* (pé).

Anglicismos   21

Exercícios

1. Na lista de palavras a seguir, separe aquelas que, de acordo com sua opinião são de origem inglesa daquelas que foram formadas dentro da língua portuguesa. Confia em seguida as respostas na página 22.

clube	*líder*	*dopar*
futebol	*flertar*	*bingo*
(office) boy	*biquíni*	*supermercado*
lanche	*xerife*	*linchar*
reportagem	*fã*	*sanduíche*
best seller	*xerox*	*jeans*
gangue	*bonde*	*clip*
iate	*treinar*	

2. Os anglicismos listados a seguir dizem respeito à atividade política. Explique sua significação:

apartheid
establishment
impeachment
lobby
boicote

3. Os anglicismos listados a seguir dizem respeito ao esporte, e alguns, mais especificamente, ao futebol. Explique o que significam e, se possível, encontre um equivalente em português.

antidoping
hooligan
recorde
cockpit
pênalti (penalty)
córner (corner)
offside
beque (back)
cruzar a bola (cross)
drible (dribling)

4. Procure equivalente que não seja de origem inglesa aos anglicismos: *smoking, pulôver, suéter, top.*

5. Os anglicismos listados a seguir referem-se à atividade de produção ou às relações humanas que se estabelecem na produção. Explique o que significa:

> *canibalizar*
> *reengenharia*
> *trainee*
> *reciclar*

6. Tente explicar a diferença entre um trainee e um aprendiz, entre um top e uma blusa, entre locaute e greve, entre um biquini e uma tanga.

7. Os anglicismos listados a seguir referem-se a formas de comercialização ou propaganda de produtos: escolha dois deles e dê um exemplo da situação que eles descrevem. Peça a seu professor que explique as demais:

> *dumping*
> *franchising*
> *leasing*
> *shopping center*
> *merchandising*

8. *Gangster, gentleman, playboy, esnobe, caubói*: procure entre as personagens da história, literatura ou cinema um exemplo de cada um desses tipos humanos. Diga por que ele mereceu o título. Tente então uma tradução aproximada para as cinco palavras.

9. Faça, em conjunto com seus colegas, um levantamento de palavras que se referem ao uso de computadores. Separe, em seguida, as que são de origem inglesa. Confira em seguida a resposta na página 22.

10. Às vezes, o nome estrangeiro é mais conhecido do que o nome português. Você sabe o que vem a ser:

> uma toranja? [um grapefruit]
> o jogo do ludopédio (ou balipódio)? [o futebol]
> um cão-rateiro? [um fox-terrier]
> um cão-de-água? [poodle]
> um triceto? [hamster]

11. Dos inúmeros anglicismos que entraram para o português nos últimos 150 anos, alguns eram inicialmente siglas. Os exemplos mais famosos são, provavelmente,

Dedetê – *DDT* por "Difenil dimetil tricloroetano", o nome do mais famoso inseticida de todos os tempos.

Esse ó esse – *SOS* – "Save Our Souls", era a mensagem transmitida para pedir socorro em situações extremas, tais como os naufrágios e outras grandes catástrofes. Literalmente, significa "salvem nossas almas".

Pecê – *PC*, por "personal computer" ou "computador pessoal" – Os primeiros pecês foram criados para substituir os computadores de grande porte, que geralmente pertenciam a grandes firmas ou corporações e eram usados de maneira não pessoal, mas compartilhada.

Aids – *AIDS*, por "Acquired Immunological Deficiency Syndrome", ou "Síndrome da Imunodeficiência Adquirida"; a aids instala-se pela ação de um vírus, o *HIV*, que destrói o sistema imunológico dos pacientes.

Pesquise num dicionário a origem das seguintes palavras ou siglas:

> *HIV*
> *modem*
> *VIP*
> *W.O.*
> *UFO*
> *yuppie*
> *laser*

12. Ache na lista de palavras de origem inglesa a seguir:

 – Dois nomes de gêneros musicais
 – Dois nomes de tipos de veículos
 – Dois nomes de espetáculos
 – Dois tipos de filme
 – Dois tipos de tecido

camping, cartoon, check-up, cult, flash, folclore, ghost writer, happening, iate, insight, jazz, jersey, massmedia, mídia, look, overnight, paging, performance, pick-up (picape), piquenique, show, skate, slogan, estoque, strip-tease, suspense, trêiler, joint-venture, truste, country, disk-jockey, soul, copidescagem, briefing, best-seller; release, coquetel, fast food, videoclipe, zapping, chinz.

13. Muitas das palavras inglesas que o português recebeu têm uma história curiosa em inglês. Veja estas:

24 Introdução ao estudo do léxico - brincando com as palavras

> • **sanduíche:** no século XVIII, John Montagu, conde Eduardo de Sandwich (1718-1792) sentia-se tão bem à mesa do jogo que nem mesmo para tomar as refeições dela se afastava. Teve, então, a ideia de mandar preparar fatias de pão com carne ou queijo, saboreando-as enquanto jogava.
>
> • **linchar:** derivado do nome próprio inglês *Lynch*, e da expressão *Lynch's law* [lei de Lynch]. Entre o século XV e o século XIX, vários juízes com o mesmo nome, na Irlanda e na América, condenaram criminosos sem processo legal. "Linchar" significa "executar sumariamente, segundo a lei chamada de Lynch; aplicação da lei de Lynch; execução sumária por uma populaça".
>
> • **boicote:** ingl. *boycott,* do nome do capitão inglês James ou Charles Cunningham Boycott (1832-97), administrador das fazendas de Lord Erne, no distrito de Comemara, Irlanda. Boycott provocou, por volta de 1880, em consequência de suas exigências excessivas e severidades exageradas, uma recusa geral de trabalhar às suas ordens. "Boicote" significa "forma de coerção ou represália que consiste em impedir ou romper qualquer relação social ou comercial".
>
> • **slogan:** ingl. *slogan,* grito de guerra dos antigos montanheses da Escócia. Breve fórmula para fins e propaganda, apelo, lembrança, sugestão em poucas palavras, divisa, lema."
>
> [Fonte: Jürgen Schmidt-Radefeldt e
> Dorothea Suring – *Dicionário dos Anglicismos e
> Germanismos da Língua Portuguesa,*
> Frankfurt am Main, Ferrer de Mesquita, 1997]

Resposta do exercício 1: Todas essas palavras são de origem inglesa.

Resposta do exercício 9: Personal computer, software, hardware, disquete, programa, salvar, deletar.

Antonímia

Objetivo

Explorar palavras e frases que podem ser colocadas em oposição, como um recurso para o enriquecimento da reflexão e da expressão.

Caracterização geral

Informalmente, as pessoas costumam chamar de antônimas quaisquer palavras ou expressões que podem ser colocadas em oposição: nascer *vs.* morrer, ir *vs.* vir, grande *vs.* pequeno etc. Os antônimos costumam ser comparados aos pares e entre dois antônimos que formam par há sempre uma propriedade em comum. Assim, grande e pequeno indicam tamanho; ir e vir indicam deslocamento; nascer e morrer são os dois extremos do mesmo processo de viver etc.

Material linguístico

Os antônimos formam pares que se referem a realidades "opostas":
Ações: *perdi* o lápis, mas em compensação *achei* uma nota de 10 reais.
Qualidades: a sopa estava *quente,* mas o café estava *frio.*
Relações: o gato estava *embaixo da mesa;* a gaiola do canário estava *sobre a* mesa.

A "oposição" existente entre dois antônimos pode ter fundamentos diferentes:
– diferentes posições numa mesma escala. Ex. *quente* e *frio* representam duas posições na escala da temperatura.
– início e fim de um mesmo processo: *florescer* e *murchar.*
– diferentes papéis numa mesma ação: *bater* e *apanhar.*

Encontramos antônimos entre:
– substantivos: *bondade* **versus** *maldade*
– adjetivos: *duro* **versus** *mole*
– verbos: *dar* **versus** *receber*
– advérbios: *lá* **versus** *cá*
– preposições: *sobre* **versus** *sob*
etc.

Costuma-se pensar na antonímia como uma relação de oposição que diz respeito às palavras, no sistema da língua. Mas os textos podem construir oposições entre palavras e expressões que, normalmente, não consideraríamos como antônimas.

Atividade

O Maniqueísmo foi uma doutrina religiosa da Idade Média segundo a qual o mundo é dominado por dois seres de qualidades opostas: Deus ou o bem absoluto, e o Diabo ou o mal absoluto. Tudo aquilo que acontece no mundo teria de ser explicado pela ação de um ou outro desses dois seres. Hoje em dia, o termo "maniqueísta" é usado para descrever a atitude das pessoas que avaliam as situações e as pessoas Ou como inteiramente boas ou inteiramente más, sem possibilidade de meios-termos. Nos jornais é fácil encontrar editoriais artigos e cartas de leitores que se manifestam totalmente a favor ou totalmente contra uma determinada ideia ou iniciativa. Localize um desses textos e explique por que ele merece ser qualificado como maniqueísta.

Exercícios

1. A política é um terreno fértil para o surgimento de antônimos, que às vezes nomeiam partidos em luta entre si, às vezes indicam posições conflitantes diante de um determinado conjunto de problemas. A seguir, você encontra vários pares de palavras que surgiram num contexto político determinado, e que fazem lembrar momentos diferentes da história brasileira. Procure estabelecer o que significam as palavras em questão e a que momentos da história se referem.

> constitucionalistas x legalistas
> maragatos x ximangos
> nacionalistas x entreguistas
> monarquistas x republicanos
> parlamentaristas x presidencialistas
> direitistas x esquerdistas
> emboabas x paulistas

2. A frequência com que se recorre a certas oposições de palavras marca, em alguma medida, as preocupações e inovações próprias de uma época. Procure contextualizar os pares que seguem, pensando nas escolhas e nos valores a que fazem referência:

relógio de pulso mecânico x relógio de pulso movido à pilha
controle manual x controle remoto (de um aparelho de televisão, por exemplo)
telefonia fixa x telefonia celular
café de máquina x café de coador
açúcar x adoçante
carro nacional x carro importado
ônibus regular x ônibus executivo
ovo comum x ovo caipira
coalhada x iogurte
fotocópia x xerox
embalagem retornável x embalagem descartável
direção mecânica x direção hidráulica
etc.

3. Quando alguém pergunta se o poço é raso ou fundo, está perguntando pela fundura do poço (não por sua rasura). Qual é a propriedade que se quer determinar com estas perguntas?

A porta é alta ou baixa?
A parede é branca ou colorida?
O elefante é leve ou pesado?
O avião é veloz ou lento?
O rio é largo ou estreito?
A muralha da China é comprida ou curta?
A lista telefônica é grossa ou fina?
etc.

4. Nem sempre a negação nos faz passar de um adjetivo a seu oposto: há coisas, por exemplo, que não são feias e nem por isso são bonitas; conte um caso, ilustrando uma situação em que se possa dizer que a ausência de uma determinada propriedade não leva necessariamente à propriedade contrária.

5. Há antônimos que admitem meio termo (por exemplo: o café da garrafa térmica pode esfar quente ou frio, mas pode também estar morno). Na lista a seguir, escolha um par de antônimos e descreva uma situação que representa o meio-termo:

nacional – importado
brega – chique
encadernado – brochado

moderno – antigo
leve – pesado
mamífero – peixe
criança – velho
rico – pobre

6. Imaginar que um certo objeto possa ter as propriedades contrárias (que se expressam por um par de antônimos) é contrário ao bom-senso. Mas os provérbios, com sua antiga sabedoria, lembram-nos que essas situações paradoxais podem acontecer. Escolha um desses provérbios e conte uma história a que ele se aplica:

O barato sai caro.
O ótimo é inimigo do bom.
Há males que vêm para bem.
Mais vale um mau acordo do que uma boa demanda.

7. O volume 12 da *Enciclopédia popular de Pádua* (um folheto distribuído gratuitamente nos bairros de Campinas, SP) trazia a seguinte seção:

ORGANIZE-SE

Você abriu, feche.
Acendeu, apague.
Ligou, desligue.
Desarrumou, arrume.
Sujou, limpe.
Está usando algo, trate-o com
carinho.
Quebrou, conserte.
Não sabe consertar, chame quem o
faça.
Para usar o que não lhe pertence,
peça licença.
Pediu emprestado, devolva.
Não sabe como funciona, não
mexa.
É de graça, não desperdice.
Não sabe fazer melhor, não critique.
Não veio ajudar, não atrapalhe.
Prometeu, cumpra.
Ofendeu, desculpe-se.
Falou, assuma.
Seguindo estes preceitos, viverá
melhor.

Alguns dos "preceitos" foram formulados utilizando pares de antônimos. Quais? [Depois de responder, confronte seus resultados com os dos seus colegas.]

8. Muitas das duplas que povoam o cinema/seriados da televisão/histórias em quadrinhos e outras formas de ficção são formadas por personagens com características (físicas, psicológicas, sociais, raciais etc. contraditórias). Lembre de uma dessas duplas e explique o que distingue as duas personagens.

9. O adjetivo *integral* assume sentidos parcialmente diferentes em expressões como *pão integral, leite integral, edição integral de uma obra, arroz integral, aposentadoria integral* etc. Como você chamaria um pão que não é integral? E um leite que não é integral? E uma edição de obra que não é integral? E uma aposentadoria que não é integral? Você seria capaz de lembrar outras palavras cujos diferentes sentidos correspondem a antônimos também diferentes?

10. O *Dicionário analógico da língua portuguesa* do Pe. Spitzer utiliza a antonímia como um recurso para distribuir as palavras dentro de uma grande grade classificatória. Veja como ele trata o vocabulário referente à riqueza e pobreza. Feita a leitura desse trecho, responda às perguntas:

560. Riqueza *(v.559,447)* – **S.** riqueza, dinheiro, fortuna, abastança, bens (de fortuna), prosperidade, boas finanças, condições de solvência, independência, recursos, ganho, receita, pão, opulência, abundância, cópia, dinheiro a valer, à ufa, boa soma, bolso recheado, mammon, remédio, tesouro, Índia, Eldorado, Peru, Potosi, Califórnia, milhões, maquia, Creso, milionário, ricaço, homem abastado, arranjado, remediado, capitalista, financeiro, aristocrata do dinheiro, haute finance, argirocrata, plutocrata, sobejidão, fartura, arca, tesouro, queijo, melgueira, chuchadeira, pechincha (economias), bolada, bolo, vazabarris, chapa, mina de ouro, ricaço, recheio, corda de enforcado (talismã), lavrador, grosso.

V. fazer dinheirama, dinheiro a rodo, ter de seu, ter o seu arranjo, ter chorume, ter chelpa, pesa ouro ou monta ouro, nadar em grande água, estar cheio como um ovo, tirar a alguém o pé do lodo, ter para dar e vender.

A. rico, abastado, remediado, solvente, solúvel, opulento, a rodo, à ufa, endinheirado, cherudo, apatacado, podre de rico.

561. Pobreza *(v.448)* – **S.** pobreza, indigência, necessidade, miséria, apertura, penúria, mendicidade, proletariado, empobrecimento, pauperismo, asilo de mendigos, mealheiro, esmola, pão dos pobres (de Sto. Antônio), hospital de pobres, um pobre, mendigo, indigente, necessitado, lázaro; pobre diabo, proletário, pobre, envergonhado, mendicante; alforje dos pobres, míngua, mendigaria, lazeira, peregrino, piolharia, limpeza de bolsa, fraca-roupa, pobretão, maltrapilho, escatima.

V. ser pobre, empobrecer, viver da mão para a boca, mendigar, pedir, viver de esmolas, reduzir à pobreza, recolher esmolas, esmolar, ver-se em apertos, na indigência, pedinhar, depauperar, viver à míngua, não ter nem cheta, andar ao lambisco, na espinha, no espinhaço, não ter onde cair morto, andar pingando ou pingar miséria, não ter nem para a cova de um dente, não ter nem eira nem beira nem ramo de figueira, limpar alguém, ficar a pedir chuva, andar aos tombos, andar aos paus, deitar remendos à sua vida, tirar a camisa, ficar sem camisa, tomar a mulher em camisa, viver aos dias, dia por dia; deixar alguém em branco, abunhar, tomar o pão a alguém, ser um pobre de Cristo, comer o pão que o diabo amassou, estar na pindaíba.

A. insolvente, reduzido à indigência, pedichão, uma esmola, por amor de Deus, para o pobre cego, à míngua, à mingua de pinga, baldo, ao naipe, escorrido, sem real, maltrapilho.

1. Que outras palavras referentes à riqueza e à pobreza você conhece?
2. A que mitos remetem as palavras Índia, Eldorado, Peru e Califórnia?
3. Quem foi Creso e o que ele tinha a ver com riqueza?
4. Qual das expressões da segunda coluna ("Pobreza") descreve a situação em que a moça se casa sem levar dote?

11. Veja esta letra de Caetano Veloso: ela tira proveito de algumas antonímias bem estabelecidas na língua e cria algumas outras. Aponte as que você achar mais interessantes e tente explicá-las.

Os quereres

Onde queres revólver sou coqueiro
Onde queres dinheiro sou paixão
Onde queres descanso sou desejo
E onde sou só desejo queres não
E onde não queres nada, nada falta
E onde voas bem alto eu sou o chão
E onde pisas o chão minh'alma salta
E ganha liberdade na amplidão.

Onde queres família sou maluco
E onde queres romântico, burguês
Onde queres Leblon sou Pernambuco
E onde queres eunuco, garanhão
Onde queres o sim e o não, talvez
E onde vês, eu não vislumbro razão
Onde queres o lobo eu sou irmão
E onde queres caubói, eu sou chinês.

Ah bruta flor do querer
Ah bruta flor, bruta flor
[...]

Arcaísmos

Objetivo

Explorar os efeitos que pode produzir, num texto, o uso de expressões que são reconhecidas como "antigas" ou "desusadas".

Caracterização geral

Chamamos de arcaísmos as expressões que, tendo já sido de uso corrente na língua, caíram em desuso; quando usadas, refletem um estado de língua mais antigo.

Os arcaísmos são pouco comuns na fala corrente; aparecem mais frequentemente na literatura, em especial naqueles gêneros em que as obras do passado continuam servindo de referência à produção dos autores contemporâneos e em autores que fazem do arcaísmo um recurso de estilo.

Material linguístico

É possível encontrar arcaísmos em todos os domínios da língua: vocabulário, morfologia, sintaxe... Constituem arcaísmo:

- No léxico, o uso de certas palavras, por exemplo, *coita* por angústia, *mil-réis* ou *contos de réis* por reais etc.
- Na morfologia: formas "antigas", com o artigo definido *el: el rei* e certos particípios passados que sobrevivem apenas em frases feitas (ex. *teúda e manteúda*).
- Na sintaxe: a anteposição do pronome átono à palavra que o "atrai", como na fórmula "Esta São Paulo onde eu me criei", recorrente nos discursos de campanha do então candidato a governador Jânio Quadros.

Com frequência, o arcaísmo consiste em usar uma palavra com um sentido que ela já teve, mas que hoje não é corrente: se alguém usar, hoje em dia, a palavra *formidável* com o sentido de "assustador", estará falando como os escritores do século XVI.

Com frequência, as falas mais tipicamente regionais continuam usando formas e expressões que, do ponto de vista da língua brasileira comum seriam arcaicas.

As razões por que as palavras e construções se tornam arcaicas são várias:

- Os objetos, técnicas e hábitos correspondentes caíram em desuso;
- A palavra perdeu a ligação com outras que tinham origem comum.

A língua sofreu um processo de "regularização" que fez desaparecer formas parcialmente diferenciadas. Em uma fase muito antiga da língua portuguesa, o feminino de *senhor* era *senhor* (isso mesmo: os trovadores medievais qualificavam sua amada de "fremosa mia senhor") e os adjetivos terminados em *-ês* formavam o feminino em *-ês* (isso mesmo: *uma princesa leonês)* – essas formas modificaram-se mais tarde para receber a terminação *-a,* que hoje é a terminação generalizada dos femininos: *formosa senhora, princesa leonesa.*

Atividade

O texto a seguir é adaptação de uma carta do século XVIII, escrita por um padre da Cúria de São Paulo a um oficial do império que servia na região das Minas, então em pleno ciclo da mineração. Como você poderá observar, trata-se de duas pessoas ligadas por laços de parentesco, amizade e interesses comuns. A grafia e a pontuação foram adaptadas. Nessa carta há algumas passagens que hoje não seriam escritas da mesma maneira. Aponte essas passagens e discuta-as em seguida com seu professor, tentando estabelecer se constituem arcaísmos.

Meu Primo e [...] Irmão. Já escrevi a Vossa Mercê por um correio da Cúria que levou cartas para Bicudo Bueno e outras várias para moradores dessas minas que, pelo tempo em que partiu, estará a chegar nesse lugar. Dizia a Vossa Mercê ser eu chegado com vida, e lhe pedia me fizesse diligencia por remeter todas as cousas inúteis que pudesse haver, como cristais e outras pedras de nenhum valor, penas de pássaros e tudo o mais que fosse de galantaria para um curioso de bom gosto em Lisboa. Já sei que Vossa Mercê terá nesta minha petição alguma moléstia, e que antes me poderia Vossa Mercê servir com ouro ou diamantes pelo valor que os homens lhe deram e que, já que ocupo a Vossa Mercê em cousas tão vis e de nenhum preço, é pôr a grande pessoa de Vossa Mercê em nenhuma estimação. Confesso que em outros haveria razão de reparo quando das minas só se espera ouro ou cousa semelhante; mas como sei que Vossa Mercê tem que acudir a tantos, não quero eu ser instrumento por que Vossa Mercê desvie os acrescentamentos de sua casa; e só quero para mim a atenção de Vossa Mercê e que não me despreze quando chegar à sua porta. A casa de Vossa Mercê está em paz, e eu com a mesma paz comigo vivo. Remeto a Vossa Mercê 206 medidas tocadas na milagrosa Imagem do Senhor Jesus da freguesia de São Mamede da Cidade de Lisboa em uma boceta encapada para Vossa Mercê nos fazer mercê de repartir pelos fiéis cristãos pelos preços que em um papel incluso na mesma boceta vão declarados; advertindo a Vossa Mercê que não podendo dar saída pelos preços apontados, ser por aqueles que o zelo e devoção de Vossa Mercê puder conseguir. [...] A petição é do Senhor JESUS a Vossa mercê e não digo mais. Ao Capitão Inácio Diaz Paes também remeto outra boceta com 105 e lhe peço o mesmo favor. Vossa Mercê aplicará aos enfermos e tendo fé viva experimentarão efeitos milagrosos. Eu vou vivendo como quem não tem dinheiro e, como Vossa Mercê não me convida para as suas lavras, não ponho em execução esta jornada.

> Também pedia a Vossa Mercê em primeiro lugar alguma *casca de cabriúva da muito cheirosa,* que o Capitão-Mor Bicudo Bueno diria a Vossa Mercê o lugar onde se acha, ainda que déssemos algumas patacas ao sujeito da diligência que Vossa Mercê arbitrará, conforme a sua distância.
>
> *Fico à obediência de Vossa Mercê com aquela antiga vontade, pedindo a Deus aumente a Vossa Mercê na alma e no corpo, e que o guarde como muito muito muito desejo. S. Paulo 24 de Mayo de 1734*
>
> *Senhor Capitão-Mor Diego de Toledo Lara*
> *Saudoso primo e muito seu negrinho de Vossa Mercê*
> *Jozé de Almeyda Lara*
>
> [Esta carta foi publicada no Tomo xvi da *Revista do Instituto Histórico e Geográfico de S. Paulo.* Prof.a Mirta Groppi F. a estudou no contexto do Projeto de Estudo da História do Português Brasileiro].

Exercícios

1. Os ditados e os provérbios contêm, às vezes, palavras que já não se usam na linguagem corrente. Considere os provérbios que seguem. Usando a pequena explicação das palavras que mantêm neles um sentido antigo, explique o que significam:

– Quem *usa,* cuida
(usa faz lembrar de "usos e costumes", "useiro e vezeiro")

– A cão fraco *acodem* as moscas
(acudir *é usado aqui no sentido antigo de "aproximar-se", "chegar perto")*

– Não se pescam trutas *a bragas* enxutas
(braga *era um tipo de calção, geralmente curto e largo, que se usava outrora)*

– Mais vale uma má *arrumação* que uma boa *questão*
(*arrumação* e *questão* já não se usam hoje com o sentido jurídico que têm no provérbio)

– Vinho bom não precisa de *ramo*
(*o ramo,* no caso, era o emblema que distinguia as casas de pasto, em que o vinho podia ser encontrado).

2. Da mesma forma que as palavras e construções que ele emprega, a ortografia original de um texto denuncia sua antiguidade. Veja como foi escrito, originalmente, este

famoso soneto de Olavo Bilac (*Via Láctea,* XIII) e tente lê-lo em voz alta, sem cometer erros. Transcreva-o em seguida para a ortographia (desculpe, ortografia) atual:

XIII

Ora (direis) ouvir estrellas! Certo
Perdeste o senso! – E eu vos direi, no emtanto,
Que, para ouvil-as, muita vez desperto
E abro as janellas, pallido de espanto...

E conversamos toda a noite, emquanto
A via láctea, como um pallio aberto,
Scintilla. E, ao vir do sol, saudoso e em pranto,
Inda as procuro pelo céo deserto.

Direis agora: – Tresloucado amigo!
Que conversas com ellas? Que sentido
Tem o que dizem, quando estão comtigo?

E eu vos direi: – amae para entendel-as!
Pois só quem ama póde ter ouvido
Capaz de ouvir e de entender estrellas.

3. Na linguagem da burocracia, conservam-se com um sentido antigo algumas palavras que perderam esse mesmo sentido na linguagem corrente. Procure esclarecer o que acontece quando um funcionário público é dispensado do serviço por motivo de *gala* ou *nojo.*

4. Na história da língua portuguesa, é comum o caso de palavras que caíram em desuso e foram substituídas por outras, formadas com a mesma raiz. Às vezes, no entanto, é o caso de pensar se a palavra que se perdeu não era melhor, do que a que ficou, para expressar a ideia correspondente. Compare:

formas arcaicas	formas atuais
soffrença	*sofrimento*
perdoança	*perdão*
mentideiro	*mentiroso*
conhecença	*conhecimento*
vizindade	*vizinhança*
semelhável	*semelhante*
falsura	*falsidade*
dulcidão	*doçura*
longura	*comprimento*

trigança *pressa*
beiço *lábio*

5. Os anúncios que você lerá a seguir foram retirados da revista *O Careta*, publicada no começo do século xx, no Rio de Janeiro, e que teve como ponto alto, o humor político. Como você pode notar, o estilo da propaganda mudou muito ao longo dos últimos 100 anos. Tente explicar o que mudou, na língua e na concepção de propaganda.

6. Nos bons colégios do século XIX, os alunos tratavam-se por "o senhor", talvez como parte de uma pedagogia que os imaginava adultos, interagindo com outros adultos. Tente se colocar nessa situação e escreva uma carta a um colega, sobre um assunto que esteja na ordem do dia, usando aquela forma de tratamento. Reflita no efeito de usar a expressão "o senhor" no século XIX e hoje.

7. O trecho que segue foi extraído do livro *A linguagem usual e a composição*, de Júlio Nogueira e faz parte de uma orientação sobre como fazer uma boa redação sobre o tema "O Carnaval". Escrito na primeira metade do século XIX, o texto descreve uma realidade diferente da atual e às vezes usa palavras diferentes para descrever coisas que não mudaram muito. Assinale as passagens em que se descrevem realidades antigas ou se usam expressões que caíram em desuso.

Poderemos limitar-nos ao carnaval do bairro onde moramos, ou ao grande carnaval do centro. No primeiro caso aludiremos aos preparativos, como a armação do coreto para a música; a decoração festiva que tomam certas casas comerciais vendedoras de artigos de carnaval: máscaras, roupas de fantasia, lança-perfumes, *confetti*, serpentinas etc. Mencionaremos o ruído ensurdecedor dos bombos, pandeiros, gaitas, apitos, etc., com que os caixeiros procuram atrair a freguesia. Na hora da batalha de *confetti*, há uma verdadeira multidão no local e dela poderemos destacar alguns tipos curiosos pela extravagância de sua vestimenta ou pelas suas maneiras, cânticos, esgares. Não esqueçamos a passagem dos blocos ou cordões, cuja riqueza, originalidade ou falta de gosto descreveremos. Dessa descrição constará também a ordem em que se apresenta o rancho, vindo à frente a porta-estandarte, em requebros e meneios que ela procura tornar graciosos; é de justiça mencionar o homem do leque, cuja função é fazer evoluções com ela; descreveremos os anjos, meninas que por vezes ostentam fantasias caras e fazem passos de dança sobre o asfalto por todo o trajeto, revelando uma resistência surpreendente; teremos algumas palavras para o carro alegórico, explicando-lhe o assunto ou enredo, como dizem os jornais; em seguida as pastoras, que constituem o coro de cânticos; depois a banda de música ou o simples choro, isto é, pequeno grupo de músicos, conforme a riqueza e importância do rancho; não esqueceremos os fogos de bengala, o fumo que deitam e os aplausos dos entusiastas.
[...]
Se preferirmos o grande carnaval, descreveremos o que ocorre na Avenida. Aí teremos a multidão, o atropelo, os agrupamentos nos passeios e escadarias de edifícios públicos cheios de gente. Descreveremos a espera impaciente do público, os ditos de espírito, as discussões sobre qual será o préstito vitorioso; os vendedores ambulantes de refrescos, doces e artigos de carnaval; os alugadores de cadeiras e bancos improvisados; a agitação que se opera na massa popular quando se ouve o clarim da primeira sociedade que entra na avenida; indivíduos que

se erguem na ponta dos pés; outros que sobem para seus bancos e cadeiras; os garotos que se instalam nas árvores. O préstito aproxima-se. Já chegam polícias e inspetores de veículos montados em motocicletas, ante os quais o povo que invadira o leito da avenida vai abrindo caminho. Se já é noite, cabe aludir à iluminação do préstito: fogos de bengala e lâmpadas elétricas. Não esqueceremos os homens que, com grandes varas, afastam os galhos das árvores ou suspendem os fios para desembaraçar a passagem dos carros altos. Diremos agora como são organizados os préstitos: a guarda de honra bem montada, composta de diretores do clube, cujo papel é cumprimentar o público e sorrir-lhe, agradecendo os aplausos; depois vem o carro-chefe, em geral uma alegoria de assunto histórico, ou com figuras lendárias: centauros, dragões, pégasos, gigantes etc.; colocadas em vários pontos se veem pessoas vestidas a caráter, sobretudo mulheres que atiram beijos à multidão. Esses carros têm movimentos engenhosos para diversos efeitos. Além do carro-chefe, há outros também alegóricos ou de crítica, e os em que seguem outros diretores do clube. Descrever o entusiasmo da multidão quando passam esses préstitos, as aclamações, as discussões em voz alta entre os partidários das diferentes sociedades etc. Uma atenção especial nos deve merecer a volta dos assistentes às suas residências, com o costumeiro assalto aos bondes e ônibus, sobretudo se o tempo se mostra ameaçador.

8. A "Botica ao Veado de Ouro" foi, no passado, uma das mais famosas farmácias de São Paulo. Hoje o nome indica uma rede de farmácias de manipulação. "Botica", "boticário" são os nomes que se usavam, antigamente para designar o que hoje se chama mais comumente de "farmácia" e "farmacêutico". Tente descobrir, em sua cidade, algum estabelecimento comercial antigo e verifique se ele já foi conhecido por algum nome que hoje já não seja muito comum (armazém, empório, casa de secos e molhados, leiteria).

9. Escritos antes de 1970 como crônicas, o texto "Antigamente" e "Antigamente II", do poeta Carlos Drumond de Andrade, recupera muitas frases feitas que não eram de uso corrente. Localize-os no livro *Caminhos de João Brandão*, ou em uma antologia, leia-os e peça ao seu professor que explique as frases que para você hoje são incompreensíveis. Comente em seguida a representação que o poeta faz nas duas crônicas da vida que as pessoas viviam, *antigamente*.

10. Os textos transcritos a seguir são anúncios extraídos de jornais brasileiros do século XIX, e foram recolhidos (com outras centenas de anúncios) no livro de Marymárcia Guedes e Rosana Berlinck *E os preços eram commodos*. Como seria de esperar, contêm palavras que já não se usam, ou que, quando usadas, soam arcaicas. Comente, a esse propósito, as palavras destacadas.

ATTENÇÃO!!
AO NOVO ARMAZEM DE MOLHADOS

Participa-se ao respeitavel publico desta capital, que acaba de abrir se um completo e variado sortimento de *molhados*, bem como ferragens, drogas, louça e miudezas de armarinho, calçados e muitos outros objectos que se venderão por *commodos* preços no largo do Chafariz nº 4, esquina da rua Fechada; esta casa estará aberta desde as 7 horas da manha até as 9 da noite. (*O 19 de dezembro*, 12.8.1854)

ANTIGA LOJA DO QUEIMA

Lino de Sousa Ferreira, chegado ultimamente do Rio de Janeiro com um dos melhores sortimentos e ultima moda, sendo ricos cortes de calça de casimira, *manteletes*, toucados, colletes, mangas, e *camisinhas bordadas*, calçado, e todo mais pertencente ao seo estabelecimento que venderá por todo preço; assim mais transferiu seu estabelecimento do largo da matriz nº 42 para a rua das Flores nº 12. (*O 19 de dezembro*, 12.8.1854)

MANOEL Ferreira dos Santos, com *loja de fazendas* na rua do Commercio nº 12, casa de Joaquim de Souza Ferreira, faz sciente ao respeitavel publico, que por liquidação pretende vender por atacado e retalhos as fazendas a seu cargo, *pelo custo da côrte*, constando o sortimento de todos aquelles artigos que um grande estabelecimento pode ter *em fazendas de luxo e de lei*, tanto para homens como para senhoras, e se obriga a mostrar as facturas querendo os compradores *conferenciar* seus custos. (*O 19 de dezembro*, 26.8.1854)

Respostas do Exercício 1: Quem tem um certo hábito ruim, desconfia das pessoas que têm o mesmo hábito / Quem não sabe se defender vira vítima dos outros / Nada que valha a pena se consegue sem esforço / Mais vale um mau acordo que uma boa demanda / O que é bom não precisa de propaganda.

Campos lexicais

Objetivo

Ampliar os recursos para a análise dos aspectos nocionais do significado das palavras.

Caracterização geral

Constituem um campo lexical as palavras que nomeiam um conjunto de experiências em algum sentido análogas. Os nomes das cores, por exemplo, que se referem a um tipo particular de experiência visual ou os nomes dos animais, que organizam parte de nossa experiência dos seres vivos, constituem campos lexicais.

Material linguístico

Para organizar um campo lexical, dispomos de pelo menos dois recursos: a chamada análise componencial e a análise por protótipos.

A *análise componencial* parte do princípio de que a significação das palavras pode ser "quebrada" em unidades menores (geralmente chamadas de "componentes" ou "traços semânticos") e que as unidades encontradas na análise de uma determinada palavra reaparecerão em outras palavras. Seria possível, assim, verificar que duas ou mais palavras têm em comum, realizando operações que lembram a fatoração da aritmética. Por exemplo:

quadrado = [+ figura geométrica]
[+ plana]
[+ côncava]
[+ com quatro lados]
[+ lados iguais]
[+ ângulos iguais]

Alguns desses traços são igualmente necessários na caracterização de um triângulo, losango, retângulo, pentágono etc.

Na *análise por protótipos*, identificamos indivíduos que representam melhor toda uma categoria e procuramos entender os demais elementos da categoria a partir da nossa experiência (não traduzida em traços) daqueles indivíduos.

Para organizar a categoria dos pássaros, por exemplo, podemos tomar como referência o pardal e perguntar-nos quais são os animais que mantêm com ele uma semelhança incontestável: feito esse teste, provavelmente diremos que o sabiá é um pássaro, mas o peru não é.

Atividade

Uma forma de prototipicidade muito própria das sociedades industrializadas consiste em associar determinados produtos manufaturados a determinados fabricantes, que supostamente ofereceriam "a melhor versão do produto". Com seus colegas de classe, monte uma lista de 20 produtos correntes (tais como: refrigerante de guaraná, máquina de lavar roupa, tênis, vela de ignição de automóvel, pilha de lanterna, lâmpada, tinta vinílica para paredes, canos e conexões para a instalação doméstica de água etc.). A respeito desses mesmos produtos, você fará junto a uma classe vizinha a seguinte pesquisa de opinião:
"Que marca é imediatamente lembrada quando se menciona o nome do produto?"
Em seguida, discuta com seus colegas de classe a seguinte questão: por que antigas marcas são às vezes preservadas, depois de consumada a unificação de duas grandes firmas concorrentes? (Um exemplo: a firma que resultou da unificação dos fabricantes Brasilit e Eternit produz uma única série de produtos, que continuam sendo comercializadas pelos nomes Eternit e Brasilit).

Exercícios

1. Na tabela a seguir, o sinal (+) indica a presença de um determinado traço, e o sinal (–) indica sua ausência. Considerando que um conjunto de traços define uma palavra, escreva na coluna da direita as palavras que correspondem a cada linha. Em ordem alfabética, são elas:

automóvel   *charrete*
bicicleta   *motocicleta*
bonde a cavalo   *riquixá*
caminhão   *trator*
carriola   *trenó de neve*
carroça

Veículo	Propulsão humana	Tração animal	A gasolina ou vapor	Duas rodas	Quatro rodas	Sobre Trilhos	Sobre estrada	Para carga	Para uso agrícola	
+	+	−	−	+	−	−	+	−	−	Bicicleta
+	−	+	−	+	−	−	+	+	−	
+	+	−	+	+	−	−	+	−	−	
+	+	−	+	−	+	+	−	±	−	
+	−	+	+	−	+	−	+	+	−	
+	−	+	−	−	−	−	−	−	−	
+	+			+			+	+	−	
+	−	−	+	−	+	−	+	−	−	
+	−	+	+	+	−	−	+	−	−	
+	+	−	+	+	−	−	+	−	−	
+	−	+	−	−	+	+	+	−	−	
+	−	−	+	−	+	−	−	−	+	

2. Mediante um cálculo simples, é possível mostrar que três "traços" binários bastam – em condições ideais – para distinguir até oito palavras. Pense cada uma das linhas da última coluna como o final de um percurso que começa em "móvel para sentar" e passa pelas três escolhas indicadas. Decida em que linhas você colocaria as palavras *cadeira, banquinho, sofá, banco, pufe, poltrona.*

móvel para sentar	para uma pessoa	com encosto	com estofamento sem estofamento
		sem encosto	com estofamento sem estofamento
	para mais de uma pessoa	com encosto	com estofamento sem estofamento
		sem encosto	com estofamento sem estofamento

3. Assim como é possível escrever "proporções" aritméticas, é possível escrever "proporções linguísticas". Diga quais, dentre as seguintes, estão corretas:

$$\frac{rei}{rainha} = \frac{príncipe}{princesa} = \frac{veado}{corça} = \frac{bode}{cabra} \qquad \frac{cavalo}{potro} = \frac{égua}{potranca} = \frac{vaca}{bezerra}$$

$$= \frac{banquinho}{banco} \quad = \frac{poltrona}{sof\acute{a}} \quad = \frac{brasileiro}{sul\text{-}americano} \quad = \frac{japon\hat{e}s}{asi\acute{a}tico} \quad \frac{gato}{gata} = \frac{borboleta}{larva}$$

$$\frac{sabi\acute{a}}{lagarto} \quad = \frac{sabioca}{lagartixa} \quad \frac{cocker}{gato\ siam\hat{e}s} \quad = \frac{c\~{a}o}{gato}$$

4. Junte as peças da direita e da esquerda, de modo a construir fórmulas intuitivamente verdadeiras:

gaveta ÷ puxador	=	bosta ÷ vaca	
barbante ÷ corda	=	focinho ÷ bicho	
porta ÷ casa	=	guidão ÷ bicicleta	
leme ÷ barco	=	minhoca ÷ cobra	
sapato ÷ civil	=	xícara ÷ asa	
rosto ÷ gente	=	abertura ÷ gruta	
motorista ÷ carro	=	coturno ÷ militar	
titica ÷ galinha	=	piloto ÷ avião	

5. Suponha que você quisesse fornecer a um selvagem um bom exemplo do que é

um carro
uma caneta esferográfica
um sanduíche
um funcionário público
um telefone celular
um chinelo
um iogurte
uma cerveja

que exemplos você usaria? Procure ser bastante específico. No caso da cerveja, por exemplo, cerveja branca ou preta? Embalagem de 666 ml ou latinha de 350 ml? Brahma, Antárctica ou Schincariol? etc.

6. O gráfico a seguir foi extraído sem modificações do verbete "Genética" da Enciclopédia Mirador (onde é utilizado para explicar como a transmissão do chamado "Fator Rh negativo" afeta as pessoas conforme a hereditariedade e o sexo). Aqui, utilizaremos esse gráfico para pesquisar os nomes de parentesco em uma árvore genealógica fictícia. Dê um nome de pessoa aos quadrados (homens) e às bolinhas (mulheres). Em seguida, localize-se no indivíduo identificado pela seta e diga qual é a relação de parentesco que têm com ele as demais pessoas do gráfico.

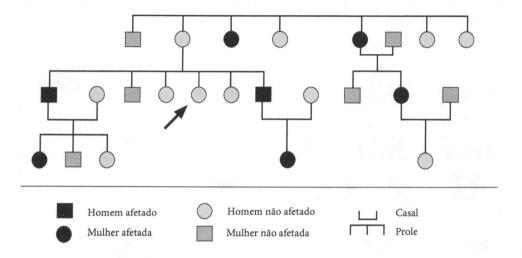

7. Entre as palavras dispostas a seguir, há uma relação hierárquica que pode ser intuitivamente recuperada, mesmo sem grandes conhecimentos de zoologia. Mostre essa relação hierárquica organizando todas essas palavras por meio de um quadro sinótico:

        vertebrado
        mamífero
        felino
        gato
        roedor
        rato
        canídeo
        raposa
        cão
        pitbull
        doberman
        bovídeo
        rena
        boi
        réptil
        cobra
        cascavel

8. Exclua, em cada conjunto, a figura que não cabe. Explique em seguida o que motivou a exclusão.

9. Os linguistas utilizam, às vezes, o nome de campo lexical para indicar o conjunto das palavras que designam as partes de um objeto ou o conjunto dos termos que dizem respeito a uma mesma técnica, a um mesmo ramo de atividades. Para os não especialistas, é normalmente difícil enumerar todas as palavras de um desses campos lexicais; em geral, eles lembram algumas, compreendem algumas outras quando as ouvem e desconhecem as restantes. Tente lembrar os nomes de todas as peças que compõem uma bicicleta de passeio. Compare em seguida a lista a que você terá chegado com a lista das legendas da figura. Separe aquelas legendas em três conjuntos, conforme constituem para você (a) um vocabulário ativo, (b) um vocabulário passivo, (c) um vocabulário desconhecido.

Campos lexicais   45

10. O trecho a seguir é transcrição parcial de uma entrevista do Projeto de Estudo da Norma Urbana Linguística Culta (Nurc), realizada em 1971 entre um Doc(umentador) e um Inf(ormante) então um advogado de 31 anos – que descreve as operações por que passava o café, na fazenda que ele conheceu na infância, desde a colheita até a venda. Leia a entrevista, e elabore a partir dela um gráfico do tratamento dado ao café. Discrimine todas as operações, inclusive os locais em que se realizam e os implementos utilizados; no ponto conveniente do gráfico, anote as palavras que as pessoas da cidade provavelmente desconheceriam.

Doc. e como é que se colhe... o café por exemplo o senhor se lembra?
Inf. bom... o:: era colhido tudo manualmente... mas nessa época então:: de:: colheita... até as mulheres passavam a:: ajudar... porque a colheita teria que ser feita dentro de uma certa época... então é preciso mais gente pra colher...é::...é...costumava-se colocar em baixo do pé de café uma espécie de:: lona... uma esteira... e a:... e depois vai-se pa?...passando a mão no galho... e caindo os grãos... depois colhe-se tudo
Doc. sabe como é que se chama esse ato de passar a a mão no galho?
Inf. esse não e... tem uma palavra especial, viu?...é:... (en)derrear não é derrear... uma coisa assim mas não me lembro bem... derrear o café eu acho
Doc. e depois que se... ahn que se... esse vai esse grão vai pro... vai pro pano ou não o pano é só pra:: ahn::
Inf. é... vai pro pano... vai pro pano e depois vai pra um saco e naturalmente ainda o grão está muito misturado com::... pedrinhas... terra... e depois precisa:: então limpar aquilo
Doc. e como é que se limpa?
Inf. aí limpa a::... bom inclusive o grão de café precisa ser secado... então precisa colocar no terreiro... e deixar secar no sol... hoje tem secador também:: ( ) mecânico... mas o:: o normal e até hoje:: que se faz bastante é::... é jogar o café no terreiro... e deixar alguns dias lá no sol
Doc. como é o terreiro?
Inf. o terreiro é uma:: uma porção de...de terra... ah... calçada... com::... lajota... bom ou às vezes cimentada mas em geral é com lajota... e fica ali::... é:: um ( ) – como se poderia chamar? – um chão... ou às vezes até:: chão:: batido batido mas... normalmente tem lajota no terreiro
Doc. e °.. grão é é::
Inf. e:: espalhado ali
Doc. e tem algum cuidado especial durante essa secagem ou não?
Inf. é:: deve-se revolver um pouco o grão... às vezes até com:: com burro... e uma::... e uma espécie de::... não seria de um arado mas enfim u::ma uma coisa de madeira que se colocava... que o burro puxava... arrastava... então já se ia revolvendo... o café... pra não ficar sempre com o mesmo grão em cima
Doc. e manualmente se fazia isso também não?
Inf. também... poderia se fazer
Doc. com algum:: instrumento especial?

Inf. não uma pessoa quase que faz fazendo o papel do burro ... ((risos)) de puxar? o:: a madeira, né?

Doc. uhn uhn... e essa peça de madeira?

Inf. depois no final do dia se recolhe todo o café... se faz um :: um monte... e se cobre com uma lona

Doc. uhn uhn... e depois desse café fei/éh seco o que se faz?

Inf. aí se recolhe num::... num lugar que costuma se chamar de tulha... a a tulha é:: uma:: vamos dizer um barracão... fechado... onde o café fica armazenado

Doc. e:: ele já está nessa fase já para... para industrialização ou ele ainda tem que passar por outro processo?

Inf. não depois ele tem que ser::... depois de seco ele ainda tem que ser::... como é que se diz?... – tem que ser descascado... pra... pra o que tem:: máquinas especiais também.

Doc. e a fazenda geralmente tem tudo isso ou manda pra fora?

Inf. ho/hoje costuma-se mandar pra fora mas ahn:: antigamente tinha pelo menos esse de::... de descascar o café já havia nas fazendas... era tudo feito assim::... com roda d'Água... ou de animais

....

Doc. mas... e me diga uma coisa esse café descascado... ele já está pronto pro consumo?

Inf. não... depois... aí ele está pronto pra ser vendido pelo fazendeiro... e vai ser vendido então pra se::... moído ou exportado... agora:: o:: o café já descascado ele pode ser exportado assim...

Doc. ah sim

Inf. quer dizer não é... ahn:: o café que vai ser utilizado pela dona de casa... mas ele já é exportado em saco descascado

(In-) compatibilidades entre partes de uma sentença

Objetivo

Mostrar que a possibilidade de combinar palavras para construir frases sofre restrições cuja transgressão resulta em enunciados "anômalos".

Caracterização geral

Há duas fontes possíveis de incompatibilidade: linguística e prática. Sabemos que certas propriedades são incompatíveis na prática, – um mesmo objeto por exemplo não pode ser simultaneamente redondo e quadrado. Por outro lado, no uso corrente da linguagem, certas combinações de palavras ficam excluídas; por exemplo, causa estranheza atribuir propriedades físicas a entidades abstratas, como em "ideia gorda", "velocidade pontuda".

Material linguístico

Para explicar o fato de que certas palavras não "combinam" em condições normais, os linguistas formularam a hipótese de que as palavras se selecionam reciprocamente, ou, dito de outra maneira, que há entre elas "restrições de seleção".

Há restrições de seleção entre o substantivo e o adjetivo, entre o substantivo e verbo, entre o verbo e o advérbio.

Dormir profundamente vs.[???] dormir exatamente
Discurso demorado, casa envidraçada vs. [???] discurso envidraçado, casa demorada
A pergunta incomoda vs.[???] a pergunta torce para o Corinthians

A combinação de palavras em princípio incompatíveis resulta, às vezes, em um efeito de sentido. O adjetivo *indigesto*, por exemplo, deveria aplicar-se, em princípio, apenas a comidas. Mas um livro indigesto pode ser um livro de leitura difícil ou "chata". E, às vezes, a gente fica horas seguidas "ruminando" uma ideia...

Entre os enunciados "anômalos", a tradição distingue os que são absurdos (isto é, os que não têm chance de ser verdadeiros em nenhuma circunstância) dos que são paradoxais (isto é, contrários à opinião corrente). Às vezes, um enunciado paradoxal resulta ser verdadeiro.

Atividades

Uma história mentirosa pode ser, simplesmente, uma história que não corresponde aos fatos. Mas há histórias que falam, de propósito, de situações francamente impossíveis ou absurdas. Aponte os absurdos da história mentirosa que segue. Se possível, continue a história ou conte outra, com muitos absurdos. Não esqueça de comparar a história que terá inventado com a de seus colegas.

O herói desta história não tem nome. Ele se chama Cisco Kid. Cisco Kid era um bandoleiro que viajava pelas montanhas do México num transatlântico. Certo dia, chegando a uma cidade do interior que ficava bem no litoral, Cisco Kid resolveu conhecer o bar da praça central, que ficava num bairro fora de mão. No bar, que estava então movimentadíssimo, não havia ninguém. Quando Cisco entrou no bar, uma pessoa que estava do outro lado da praça o empurrou, e ele estatelou-se no chão. Abaixando-se um pouco mais, conseguiu alcançar o teto. As lâmpadas do lustre, todas apagadas, iluminavam um velho analfabeto, que lia o jornal da cidade, onde, é claro, não havia jornal. Cisco piscou com uma das orelhas, que fez um barulho parecido com um bocejo. Nesse momento, as lâmpadas, que estavam apagadas, apagaram-se ainda mais, e assim, finalmente, foi possível enxergar. Cisco e a pessoa que o tinha empurrado começaram a brigar de socos, apesar de que nenhum dos dois tinha braços. A confusão só terminou quando Cisco apartou a briga entre ele mesmo e o desconhecido, atirando para o ar com o revólver apontado para um buraco do soalho, que era feito de terra batida...

Jogo do pássaro voa: A pessoa que manda no jogo vai dizendo, sucessivamente frases do tipo "Pássaro voa", "borboleta voa", "avião voa", "cavalo voa" etc. Enquanto fala, ergue a mão. Os outros jogadores devem erguer a mão apenas quando o objeto nomeado efetivamente voa. Quem erra, cai fora. Vence o último que ficar.

Exercícios

1. Sujeitos e predicados são normalmente escolhidos de modo a "fazer sentido juntos". Com base nesse critério,

a) Descubra *o predicado* correto, nas chaves abaixo:

Meu gato Gregório {relincha para pedir leite, mia para pedir leite, late de madrugada}.

O João {falou pelo telefone com sua viúva, trabalha na fábrica de chocolate, nasceu maior de idade}.

O papa {lançou mais uma encíclica, abriu oficialmente a temporada de caça, suspendeu por indisciplina o atacante do Corinthians}.

O avião {cometeu seu segundo erro de lógica, saiu da rota, concentrou-se em suas tarefas domésticas}.

b) Pelo mesmo critério do exercício anterior, aponte <u>o sujeito</u> "correto"

Aí {o mudo, o recém-nascido, o homem que todos apontavam como culpado} falou: "assim não dá".

{A porta, A enxada, A página central} está rangendo por falta de óleo nas dobradiças.

{O dente, O piano de cauda, O vidro de comprimidos} teve que ser submetido a tratamento de canal.

{O papel mata-borrão, O mico-leão-dourado, O atual diretor do meu instituto} está em extinção.

2. Escolha os objetos apropriados para os verbos, nas duas listas abaixo:

debulhar	*árvores*
podar	*frutas*
britar	*cereais*
acender	*canos, esgotos*
desentupir	*aparelhos eletrodomésticos*
ligar	*aulas*
descascar	*pedras*
cabular	*rios, córregos*
desassorear	*fogo*

3. As restrições de seleção nos proporcionam um dos tantos mecanismos textuais de resolução da ambiguidade. Pense nos diferentes sentidos que um bom dicionário apresentaria para cada uma das palavras grifadas; em seguida, explique o raciocínio por meio do qual escolhemos para elas o sentido que prevalece na frase.

O <u>sargento</u> não dá mais aperto porque está com a rosca espanada.

O <u>namorado</u> não é fresco, porque suas guelras estão esverdeadas.

Não deixe <u>os</u> <u>brigadeiros</u> no sol, que eles ficam com gosto de sabão.

O <u>cavalo</u> perdeu um para-lama no acidente.

O <u>macaco</u> aguenta até 3000 quilos, desde que o chão seja firme e ele esteja bem calçado.

<u>Batida</u> com açúcar deixa qualquer um etilizado.

50   Introdução ao estudo do léxico - brincando com as palavras

As projeções do governo baseiam-se em <u>dados viciados</u>.
<u>Essa preguiça</u> nasceu em cativeiro.

4. Os termos integrantes de uma oração são sempre escolhidos de modo a "dar certo" com o verbo. Por isso, conhecendo o verbo de uma sentença, podemos às vezes prever, dentro de certos limites, quais serão os termos integrantes. Teste essa previsibilidade completando os espaços vazios no texto que segue. Escolha, para cada espaço, um dos nomes propostos como opções.

Ingredientes:

1 kg de batata
2 gemas
100 g de farinha de trigo
1 colher de manteiga

Modo de preparo

| a escumadeira, as batatas |

Cozinhe _____ e esprema-as
ainda quentes. Acrescente_____,

| as batatas, a manteiga |

| o espremedor de batatas, a manteiga |

misture bem e deixe esfriar. Quando estiver frio, jun-
te as gemas e _____.

| gemas, pedacinhos pequenos |

Amasse bem e corte em _____.
Coloque _____ para ferver. Quando
estiver fervendo, jogue _____

| a água, a farinha |

| os gnocchi, duas pedras |

e espere que subam na panela. Retire com uma
escumadeira e coloque em _____
de servir. Cubra com o molho de sua preferência.

| um recipiente, uma escumadeira |

(In-) compatibilidades entre partes de uma sentença   51

5. Frases como "a orelha do urso rasgou" ou "a mão do santo esfarelou" não são boas se o urso for um bicho e o santo for uma pessoa; mas essas mesmas frases tornam-se perfeitamente possíveis se o urso for de pano e se o santo for uma estátua de gesso. Invente uma história em que uma das frases abaixo possa ser interpretada

> O rabo do cavalo quebrou
> A água da lagoa furou
> A fumaça do trem caiu
> O azul do céu manchou
> etc.

6. Explique o que há de estranho com estes dois diálogos, cujas personagens são um juiz de instrução e um perito designado pelo tribunal

> *Juiz – O que significa a presença de esperma?*
> *Perito – Indica que houve relação sexual.*
> *Juiz – Esperma masculino?*
>
> *Juiz – Doutor, quantas autópsias o senhor já realizou em cadáveres?*
> *Perito – Todas as autópsias que realizei foram em cadáveres.*

7. Uma lição que não faltava nunca nas gramáticas de outros tempos era a dos coletivos. Neste exercício, vamos fazer a você a mesma pergunta que as gramáticas normalmente faziam, mas lembrando que a relação entre nome comum e coletivo sempre envolve restrições de seleção. Na matriz que segue, coloque um "x" na(s) casa(s) que indica(m) a(s) correspondência(s) correta(s) entre as linhas e as colunas.

	Nuvem	Rebanho	Colônia	Enxame	Tropa	Matilha	Manada	Cáfila	Alcateia	Vara
Burros										
Camelos										
Carneiros										
Elefantes										
Formigas										
Abelhas										
Cães de caça										
Lobos										
Porcos										
Gafanhotos										

52 Introdução ao estudo do léxico - brincando com as palavras

8. Nos anúncios imobiliários que você lerá a seguir, os nomes dos imóveis não aparecem, mas algumas de suas características são apresentadas com grande destaque. Tomando por base essas características, procure "descobrir" se esses anúncios promovem uma casa, um apartamento, uma chácara etc.

> **Campo dos Amarais.** Pequena entrada e prestações. 1000 metros quadrados, sem benfeitorias. Excelente negócio para valorização futura. Ligar para 239-1501.
>
> **Cobertura.** Bairro dos Alecrins. 350 m² de puro luxo. Mais informações pelo telefone 239-1501.
>
> **Recém-construído.** Centro. Vendo todo carpetado. Ed. Cruzeiro do Sul, sala ampla, 3 quartos com AE, banheiro privativo, banheiro social, dependências completas para empregadas, cozinha, área de serviço, garagem privativa coberta. Dois por andar, acesso direto pelo elevador. Chaves com o Zelador.
>
> **Pré-fabricada.** Madeira tratada segundo método americano. Para negócio rápido. Tratar pelo telefone 239.1501 com Luís.
>
> **Jardim Chapadão** – próximo a finas residências. Cercado com 5 fios de arame farpado. 370-0000.
>
> **Jardim Flamboyant** – 700 mil – Novinha. Fachada colonial. 4 quartos com armários embutidos, sala de jantar, cozinha, banheiro social com teto solar. Fora: quarto para empregada enorme, WC, lavanderia e bom quintal. Chaves à Rua Camargo Pimentel, 272.

9. O revisor do jornal embaralhou os títulos desses anúncios. Ajude-o a recolocá-los no lugar apropriado.

Hotel em Itatiaia com motor novo 1300, pneus novos, freio a disco em ótimo estado geral. Tratar à Rua Frei Manuel 25.
Lampiões e fogareiros precisa-se para caminhão, serviço na cidade. Papéis Amália Ltda. Fone 666-6666.
Moças a gás e querosene completo estoque de peças nas lojas Aladim, Rua Costa Aguiar, 377, Leme.
Dálmata com 30 apartamentos inteiramente mobiliados, vendo. Tratar com o proprietário do Cinema Ideal no horário de projeção.
Motorista macho de boa linhagem, desmamado e vermifugado, compro. Tratar à Rua Duque de Caxias, 77 com Telmo.
Wolks Sedan 13 a 16 anos. Boa aparência. Precisa-se para serviço externo. Tratar com a indústria de cosméticos "Clava" à rua Carolina Florence, 114.

[Fonte: *Correio Popular*, Campinas]

10. O texto de Luís Fernando Veríssimo que você vai ler a seguir mostra duas personagens falando "as mesmas coisas" de duas realidades muito diferentes. O equívoco dura até o final. Explique o que isso tem a ver com restrições de seleção.

Parole, parole, parole

– De uns tempos para cá eu só penso naquilo.
– Eu penso naquilo desde os meus, sei lá. Onze anos.
– É. E o tempo todo.
– Não. Eu, antigamente, pensava pouco naquilo. Era uma coisa que não me preocupava. Claro que a gente convivia com aquilo desde cedo. Via acontecer à nossa volta, não podia ignorar. Mas não era, assim, uma preocupação constante. Como agora.
– Pra mim sempre foi, aliás eu não penso em outra coisa.
– Desde criança?
– De dia e de noite.
– E como é que você conseguia viver com isso desde criança?
– Mas é uma coisa natural. Acho que todo mundo é assim. Você é que é anormal, se só começou a pensar naquilo nessa idade.
– Antes eu pensava, mas hoje é uma obsessão. Fico imaginando como será. O que é que vou sentir. Como será o depois.
– Você se preocupa demais. Precisa relaxar. A coisa tem que acontecer naturalmente. Se você fica ansioso é pior. Aí sim, a coisa se torna uma angústia, em vez de um prazer.
– Um prazer? Aquilo?
– Bom, na sua idade não sei. Pra mim é o maior prazer que um homem pode ter. É quando o homem chega no paraíso.
– Bom, se você acredita nisso, então pode pensar naquilo como um prazer. Pra mim é o fim.
– Você precisa de ajuda, rapaz.
– Ajuda religiosa? Perdi a fé há muito tempo. Da última vez que falei com um padre a respeito, só o que ele me disse foi que eu devia rezar. Rezar muito, para poder enfrentar aquilo sem medo.
– Mas você foi procurar logo um padre? Precisa de ajuda psiquiátrica. Talvez clínica, não sei. Ter pavor daquilo não é saudável.
– E eu não sei? Eu queria ser como você. Viver com a expectativa daquilo naturalmente, até alegremente. Ir para aquilo assoviando.
– Ah vou. Assoviando e dando pulinho. Olhe, já sei o que eu vou fazer. Vou apresentar você a uma amiga minha. Ela vai tirar todo o seu medo.
– Já sei, uma dessas transcendentalistas.
– Não, é daqui mesmo. Codinome Biba. Com ela é tiro e queda. Figurativamente falando, é claro.

– Hein?
– O quê?
– Do que nós estamos falando?
– Do que você está falando?
– Daquilo, da morte.
– Ah.
– E você?
– Esquece.

Definições

Objetivo

Mostrar como se podem formular definições claras e corretas, apontando os defeitos mais comuns desse tipo de texto.

Caracterização geral

Uma definição é um pequeno texto em que se formula o significado de uma palavra. Em geral, ao definir uma palavra, identificamos a classe maior à qual pertencem os objetos que ela nomeia e, em seguida, apontamos as propriedades que distinguem esses objetos no interior dessa classe maior, como nestes exemplos:

[Monarquia] é   [uma forma de governo]   [em que o poder supremo é exercido por uma só pessoa]

palavra que se quer definir	expressão que delimita uma classe maior	expressão que recorta uma subclasse, dentro da classe maior.

[Triângulo] é   *[um polígono]*   *[de três lados].*

Material linguístico

Os verbos que mais aparecem nas definições são: *ser, significar, consistir, constituir...*

As razões para definir podem ser várias:

Aumentar o vocabulário – diante de palavras desconhecidas, pode ser interessante definir para melhor compreensão do que foi dito.
Eliminar ambiguidades – quando uma palavra é ambígua em um contexto, isto é, quando não está claro em qual de seus sentidos está sendo usada, convém definir (1) para evitar que se tirem conclusões falsas; (2) para evitar discussões meramente verbais.
Tornar exatos os limites de aplicação de palavras conhecidas, mas vagas. Por exemplo: "Neste texto, entenderemos por montanha toda elevação do terreno com mais de 500 metros acima do nível do mar". "Neste contrato, 'produto' significa o inseticida PHD, objeto da presente transação comercial"

O que uma boa definição *não* deve ser:

Uma mera enumeração de exemplos: "Arranha-céus são, por exemplo, os edifícios tal e tal" (se, por acaso, os dois edifícios ficam na rua principal da cidade, alguém poderia entender que todo prédio da rua principal da cidade é um arranha-céu).

Circular: "azul é a cor do que é azul" ou "Confiança é a qualidade de quem confia".

Obscura – uma definição é obscura quando usa termos mais difíceis do que a palavra que pretende definir, possivelmente desconhecidos da pessoa a quem se destina etc. "Quimioterapia é uma forma de tratamento oncológico [...]" (possivelmente as pessoas que não sabem o que é quimioterapia, sabem menos ainda o que significa "oncológico").

Demasiado ampla: "Sapato é uma coisa que se põe nos pés" (as meias também cobrem os pés). "Ônibus é um veículo motorizado que transporta passageiros" (essa definição serve também para táxi etc.)

Demasiado estreita: "Bonde é o veículo que circula no Parque Taquaral, em Campinas" (no mundo, existem outros bondes, além do que circula aos domingos na Lagoa do Taquaral em Campinas)

Figurada: "A arquitetura é música congelada", "Uma árvore é um cabide de folhas", "Um pente é um coçador de piolhos"

Negativa quando pode ser positiva: "Um divã não é uma cama nem uma cadeira" (a avó do presidente do Senado também não é uma cama nem uma cadeira)

Atividade

Leia este texto, extraído das memórias do psicólogo e filósofo americano William James (1842-1910) e, em seguida, discuta a afirmação de que uma definição pode evitar uma discussão meramente verbal.

Há alguns anos, quando participava de um grupo de camping, nas montanhas, voltei de um passeio solitário encontrando todos, no acampamento, empenhados numa feroz discussão metafísica. O objeto da discussão era um esquilo – um esquilo vivo que se supunha estar trepado de um lado de um grosso tronco de árvore, enquanto que, próximo, no lado oposto da árvore, imaginava-se que um homem estivesse parado. Este homem experimentava ver o esquilo e, para consegui-lo, corria ao redor da árvore mas, por mais depressa que se deslocasse, o esquilo movia-se com velocidade igual na direção oposta, mantendo sempre a árvore entre ambos, de modo que o homem jamais conseguia ver o animal. O problema metafísico resultante é o seguinte: o homem move-se ou não ao redor do esquilo? Ele move-se ao redor da árvore, sem dúvida, e o esquilo está na árvore. Mover-se-á, então, o homem, também ao redor do esquilo? No ócio ilimitado da vastidão dos campos, a discussão chegara ao fim. Todos haviam tomado partido e cada um obstinava-se em sua posição. O número de adeptos de cada parte era igual. Por isso, quando reapareci, as partes apelaram para mim, a fim de lhes porcionar a maioria. Lembrei-me do adágio escolástico, segundo o qual, sempre que nos deparamos com uma incoerência, é conveniente fazer uma distinção: imediatamente procurei e encontrei uma, que era a seguinte: "Decidir qual das partes tem razão", disse eu, "depende do que cada uma quer dizer, praticamente, quando fala de 'andar ao redor' do esquilo. Se o que entendem por isso é que se passa de norte do esquilo para leste, depois ao sul, depois ao oeste e, depois, novamente ao norte, obviamente o homem desloca-se ao redor do esquilo visto que ocupa essas posições sucessivas. Mas se, pelo contrário, o que se quer dizer é estar primeiro em frente dele, depois à sua direita, logo detrás e depois à sua esquerda, para voltar a estar diante do esquilo, é totalmente óbvio que o homem não anda à volta dele, dado que, em virtude dos movimentos compensatórios feitos pelo pequeno animal, este conserva o seu ventre sempre voltado para o homem e o lombo sempre do lado mais distante. Façam tal distinção e cessará o motivo para qualquer disputa. Ambas as partes estão certas e ambas erradas, segundo o que entendem pela expressão 'andar de volta', seja de uma maneira prática ou de outra".

Embora um ou dois dos contendores mais acalorados qualificassem a minha fala de evasiva e artificiosa, dizendo que não eram argúcias ou sutilezas escolásticas o que queriam, mas simplesmente o que em bom inglês queria dizer 'em volta de', a maioria pareceu admitir que a distinção resolvera a disputa. Irving Copi, *Introdução à Lógica de S. Paulo*, Mestre Jou.

Exercícios

1. Decida se estas definições são boas:

   (a) é uma substância branca, leve, utilizada para construir geladeiras portáteis e boias de piscina. (isopor)
   (b) um instrumento que serve para apertar. (alicate)
   (c) um animal sem penas que voa. (morcego)
   (d) um padre que usa batina, sandálias e um cordão. (franciscano)
   (e) uma bebida obtida pela destilação de cereais. (vodca)
   (f) um programa de televisão feito ao vivo. (programa de auditório)
   (g) um barco movido a vela, típico do nordeste brasileiro. (jangada)
   (h) um terreno que ninguém carpe há tempo. (quiçaça)

2. O que é o que é? – As adivinhas são às vezes um jogo em que se dá a definição de uma palavra, pedindo que as pessoas envolvidas na brincadeira descubram a própria palavra. Aqui vão adivinhas bastante conhecidas, procure responder e, em seguida, colecione mais dez.

   Tem dente mas não come, tem barba mas não é homem. [o alho]

   Redondinho, redondão, abre e fecha sem cordão. [os olhos]

58 Introdução ao estudo do léxico - brincando com as palavras

Corre no mato, para na terra. [o fogo]

Quando entra em casa, fica com a cabeça de fora. [o botão]

Cai de pé e corre deitado. [a chuva]

Tem asa, mas não é ave, tem bico, mas não é pássaro. [o bule]

Tem dois quartos, mas não é a casa. [a metade]

Acontece quando um elefante esbarra no outro. [a trombada]

Eu fui feito com pancada, só sirvo se for bem torto.
Vou procurar quem está vivo, espetadinho num morto. [o anzol]

Sob a terra ela nasceu, sem a camisa a deixaram;
todos aqueles que a feriram a chorar logo ficaram. [a cebola]

3. Colecione dez definições jocosas, do tipo "assadeira de frango é televisão de cachorro", "pente é coçador de piolhos". Compare-as com as definições que seus colegas terão encontrado e com as definições "corretas" dos mesmos objetos.

4. Você acaba de fundar uma sociedade que:

Pretende proteger as árvores de seu bairro
Visa a acabar com o uso de palha de aço na lavação de pratos
Quer abolir as sementes das tangerinas
Quer produzir bananas com casca antiderrapante
(etc.)

Dê à sociedade um nome que expresse bem os objetivos com que foi fundada. Veja com seus colegas que outras sociedades eles fundaram.

5. Pesquise a diferença entre *fruto, flor e infrutescência*. Diga, em seguida, em qual dessas categorias se enquadram os alimentos de origem vegetal enumerados abaixo (que você poderia comprar numa quitanda ou numa frutaria)

uva	quiabo
coco	abobrinha
tomate	caqui
jiló	alcachofra

6. Um texto mal redigido é frequentemente aquele que não consegue definir corretamente as situações que pretende descrever. Veja, por exemplo, estas infrações, previstas no novo código nacional de trânsito:

"Dirigir com fones de ouvido conectados a aparelho de som ou telefone celular" (por esta redação, seria possível multar alguém que responde a uma chamada do telefone celular enquanto guia?).

"Ultrapassar veículo em movimento que integre cortejo ou desfile, sem autorização" (quem ultrapassa um dos veículos autorizados a integrar o desfile comete uma infração?).

Tente uma definição menos desastrada das duas infrações que o novo código pretende coibir.

7. As palavras cruzadas são um jogo linguístico em que se fornece a definição, esperando que o jogador dê a palavra definida. Tente resolver este problema de palavras cruzadas e explique em seguida os problemas que você teve, por conta de definições mal formuladas.

CRUZADAS DIRETAS

A parte mais conhecida de um hino

Membro de um clube (fem.)

Casa onde se vende vinho a varejo

A base do programa de humor

Substância do fundo da garrafa de vinho do porto

País da América Central

Condição necessária ao órgão, em relação ao receptor, em transplantes (Med.)

O primeiro fratricida (Bíblia)

Ato do caridoso

Graduação militar

Condição dos nazistas em Nuremberg

Propriedade rústica típica de Portugal

Objeto-símbolo da democracia

Inscrição que significava Jesus Nazareno, Rei dos Judeus (Bíblia)

Local da feira livre

Estação ferroviária

Barra de (?), dispositivo regulador da usina nuclear

Gênero de filmes

Precede o trovão

Habitação de soldados

Alimento apreciado pelo urso

Um dos atributos da correspondência

Sílaba de "votar"

Retórica (abrev.)

Dança do (?), coreografia da odalisca

Grande sacerdote hebreu (Bíblia)

Pasmada

Teoria oposta à Alopatia

Mar, em francês

(?) Meiji: a modernização japonesa

Alcoólicos Anônimos (sigla)

Vitamina chamada calciferol

Verbo do estudioso

Criado

Pigmento das algas vermelhas

Formato do ângulo reto (Geom.)

Pronome pessoal inexistente no latim

BANCO: 3/mer. 6/gerado

OESP, 24.02.2000

8. A dúvida do menino (entrar ou não no shopping com seu skate)

tem a ver com a dificuldade de definir *skate*, que por certos aspectos poderia ser considerado um veículo, e por outros não. Provavelmente, você já passou por um episódio semelhante, em que ficou sem saber o que poderia ou deveria fazer, pela dificuldade de entender uma palavra. Conte esse episódio aos seus colegas.

9. Embora seu uso não seja recomendado nos textos científicos, as definições jocosas são um dos recursos mais usados pelos humoristas. Veja a desta tira do Estado de São Paulo:

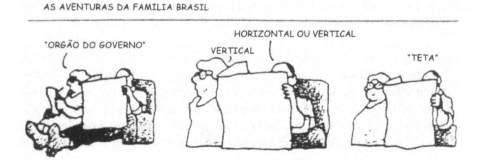

62 Introdução ao estudo do léxico - brincando com as palavras

10. Um dicionário é, entre outras coisas, uma grande coleção de definições. Veja estes dois verbetes do *Dicionário Brasileiro da Língua Portuguesa*, de Adalberto Prado e Silva e localize neles cinco definições. Mostre como se aplica a essas definições o esquema:

Palavra que se quer definir = classe maior + característica que singulariza, no interior da classe maior.

vela[1]: s.f. (1. *vela*) 1. *Naut.* Conjunto ou união de panos, peças de lona ou linho forte, que, cortados de diversos modos e cosidos, se amarram nas vergas, para receber a ação do vento que impelirá a embarcação. 2. Embarcação movida por um conjunto desses panos. [...] *Velas mestras. Naut.*: as quatro principais de um navio [...]

vela[2], s.f. (de **velar**[2]) 1. Ação de velar, veladura, vigília. 2. Pessoa que vela ou vigia, sentinela. 3. Peça cilíndrica, de cera ou substância graxa, com pavio no centro a todo o comprimento, para que possa acender-se e dar luz. 4. V.*Vela internacional.* 5. *Mec.* Dispositivo que, nos motores a explosão, produz a combustão da mistura combustível nos cilindros. 6. Cilindro oco semelhante a uma vela, fechado em uma extremidade, feito de diatomito ou porcelana não vitrificada com diminutos poros que impedem a passagem de células ou bactérias e outros organismos microscópicos, mas não de corpos ultramicroscópicos (como os vírus filtráveis); é usado nos filtros de água comuns. 7. *Med.* Instrumento cilíndrico afilado, de borracha, seda encerada, metal, etc., para introdução em passagens tubulares (como a uretra) a fim de facilitar a dilatação ou exploração, ou para servir de guia à passagem de outros instrumentos. [...]. *Acender uma v. a Deus e outra ao diabo*: agradar ao mesmo tempo a dois adversários. *Estar com a v. na mão*: estar gravemente enfermo, estar moribundo. *Procurar com uma vela acesa*: empregar grande afã para encontrar. *Tratar a v. de libra*: tratar excelentemente, banquetear, regalar.

11. São comuns na imprensa manifestações de profissionais liberais transmitindo aos leitores informações sob questões técnicas de interesse social. O texto a seguir, de autoria de um advogado, elabora uma distinção relevante para definir as responsabilidades de uma certa categoria social, em caso de insucesso:

> *[...] os processos judiciais contra médicos são complexos em razão da dificuldade de aferição da culpa pelo dano sofrido. A responsabilidade civil dos médicos em ações de indenização é, em geral, de meios e não de resultado. A obrigação de meios ocorre quando um profissional assume prestar um serviço ao qual dedicará toda a sua atenção, cuidado e conhecimento através das regras consagradas pela prática médica, sem se comprometer*

com a obtenção de um certo resultado. A obrigação do resultado é aquela em que o profissional se compromete a realizar um certo fim, a alcançar um determiando resultado. As exceções consagradas pela jurisprudência são a cirurgia estética embelezadora e a anestesia, atos médicos tidos como obrigações de resultado. Desde que o ordenamento jurídico brasileiro, a doutrina e a jurisprudência consagraram a necessidade da prova de culpa para aquele que pretenda uma indenização por ato ilícito de outrem, aprova desta mesma culpa, no caso dos médicos, tendo obrigação geral de meios, reside na comprovação de que o profissional agiu com falta de cuidado ou deixou de aplicar a prática dos recursos usuais da ciência médica aplicáveis ao caso concreto (Rafael Maines, "Responsabilidades". Diário Catarinense, *25.8.2001).*

a) Diga, sucintamente, qual é a distinção apresentada no texto, e como ela afeta a categoria profissional em questão.

b) Imagine que você mandou consertar um equipamento qualquer, mas o conserto não foi bem-sucedido. Formule uma breve reclamação, partindo do princípio de que a firma responsável pelo conserto tinha obrigação de meios, não de resultados.

c) Nos dicionários, as palavras aparecem em geral associadas a vários sentidos. Para *consagrar*, o dicionário *Houaiss* anota, entre outros, os seguintes: "1. Investir(-se) de caráter ou funções sagradas, dedicando(-se), por meio de um rito, a uma ou mais de uma divindade; sagrar. 2. Entre os católicos e em certas seitas protestantes, operar a transubstanciação pelo rito da Eucaristia. 3. Oferecer(-se) a Deus, a um santo etc. por meio de voto ou promessa [...] 4. Aclamar, eleger, promover, elevar. 5. Reconhecer como legítimo: acolher, sancionar. 6. jurar pela hóstia consagrada".
Supondo que você tenha dúvidas sobre o sentido de "consagradas" ("Exceções consagradas") e "consagraram" ("a doutrina e a jurisprudência consagraram"), em qual das definições se apoiaria para aproximar-se da acepção que essas palavras têm no texto?

Distribuição: os constituintes da oração

Objetivo

Sensibilizar o leitor para o fato de que a construção de uma oração bem formada tem a ver com a combinação de unidades menores (palavras, morfemas etc.) segundo esquemas que o falante da língua conhece intuitivamente.

Caracterização geral

Formamos orações combinando palavras, mas as palavras não podem ser combinadas em qualquer ordem: elas têm de ser combinadas segundo os esquemas definidos pela sintaxe.

Material linguístico

Algumas noções são úteis para descrever os esquemas que as palavras obedecem quando se combinam para formar orações:

Oração bem formada – quem conhece a língua portuguesa sabe, intuitivamente, quando uma sequência de palavras constitui uma oração. Comparem-se (1) e (2):

(1) O primeiro dia do ano começou com ruas alagadas
(2) Ruas ano dia primeiro alagadas começou o do com

as palavras são as mesmas, mas na segunda sequência elas não foram adequadamente "montadas", de modo que não reconhecemos uma oração nessa sequência.

Distribuição – há restrições para o aparecimento de palavras numa oração, conforme as palavras que precedem ou seguem. Em português padrão, por exemplo, o artigo, precede sempre o substantivo, o objeto direto segue normalmente o verbo que o rege etc.

"as casas", mas não *"casas as"*
"ele cria cavalos", mas não *"ele cavalos cria"*

Constituinte – em toda oração bem formada, é possível reconhecer constituintes, isto é, "blocos" no interior dos quais as unidades têm mais a ver umas com as outras do que com as unidades de outro bloco. Normalmente, a análise sintática reconhece numa oração dois grandes blocos, o sujeito e o predicado; esses blocos são por sua vez analisados em blocos menores, e assim sucessivamente, resultando para a oração uma representação "em árvore", por exemplo:

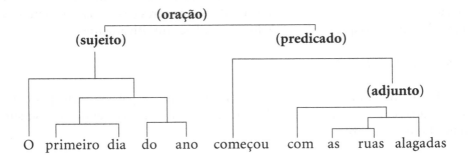

(Essa representação em árvore da oração "*O primeiro dia do ano começou com as ruas alagadas*" distingue claramente os dois constituintes *imediatos*, o sujeito e o predicado. Dentro do predicado, "*com as ruas alagadas*" foi representado como um adjunto. Esse trabalho de análise poderia continuar: uma análise sintática completa levaria a aplicar etiquetas "sintáticas" a todas as palavras da sentença).

Um teste útil para reconhecer constituintes é a possibilidade de *substituir em bloco* partes de uma oração por uma única palavra: note-se que poderíamos substituir o sujeito da oração acima representada, como um todo, por um pronome pessoal:

O primeiro dia do ano começou com as ruas alagadas /
O primeiro dia do ano não foi só um dia e comemorações: *ele* começou com as ruas alagadas.

Da mesma forma, poderíamos substituir "*com as ruas alagadas*" por "*mal*", "*nublado*" etc.:

O primeiro dia do ano começou *com as ruas alagadas* /
O primeiro dia do ano começou *mal*.

Distribuição: os constituintes da oração   67

Atividade

Recupere, recorrendo a alguém que a conhece, ou consultando algum livro de histórias escrito para criança a história *"A Formiguinha e a Neve"*. Note que em cada um dos pedidos da formiguinha (que são feitos, sucessivamente, a personagens diferentes) se mencionam todas as personagens a quem foram feitos os pedidos anteriores, mediante o processo sintático do encaixamento.

[*sol que derrete a neve*], desprende o meu pezinho
[muro que tapa o *sol que derrete a neve*], desprende o meu pezinho
[rato que rói o *muro que tapa o sol que derrete a neve*], desprende o meu pezinho.

Você seria capaz de lembrar ou criar uma outra história (ou uma canção popular ou uma brincadeira de crianças) com as características aqui discutidas, aproveitando o processo sintático do encaixamento?

Exercícios

1. Diga quais, entre as combinações de palavras a seguir lhe parecem aproveitáveis para a construção de uma oração bem formada:

muito bonita	*muito bola*
ele dorme	*ele árvore*
dorme e sonha	*e dorme sonha*
o morro da casa verde	*verde casa morro o*
queridos amigos	*amigos queridos*
mares verdes	*verdes mares*
folha retangular	*retangular folha*
material muito	*muito material*

2. A ortografia do português manda pôr acento grave na palavra a quando ela resulta em fusão da preposição *a* mais o artigo feminino *a(s)*. É o velho problema da crase. Uma boa maneira de lidar com o caso geral da crase consiste em lembrar que a preposição *a*, quando presente, é "exigida por" alguma palavra que precede, e que o artigo *a(s)* é sempre parte de um constituinte que tem por núcleo um substantivo feminino.
Você vai ler a seguir algumas frases extraídas de redações de adultos. Seguindo o exemplo, procure a palavra que pede a preposição e o susbtantivo que justifica a presença de um artigo feminino; se for o caso, corrija a acentuação.

Exemplo: *Diante de tanta gentileza, eu me senti à vontade para perguntar a dona da loja se não precisava de uma balconista. Ela disse que sim, e minha filha começou a trabalhar naquele mesmo dia.*
perguntar pede a preposição a / dona da loja pede o artigo feminino / há crase.
começou pede a preposição a / trabalhar não pede artigo / não há crase.

1. Infelizmente, hoje em dia é muito comum encontrar pessoas dormindo na rua, devido a situação de crise e ao desemprego.
2. Em vez de mostrar ao leitor e a população brasileira tantas fotos de desgraças, por que os jornais não procuram educar as pessoas?
3. A programação da televisão só procura a audiência e o lucro. Infelizmente são raros os programas que visam a educar.
4. O paciente foi bem em frente a Maternidade, bem em frente ao portão de entrada.

3. Transforme em orações os seguintes conjuntos de palavras:

{violão, arrebentaram, cordas, do, Eles, as}
{anuncia, um, O, de, dança, espetáculo, cartaz}
{gato, O, come, rato, o}
{O, roeu, rato, rei, de Roma, rica, a, roupa}
{comeu, escreveu, leu, não, pau, o}

4. Complete os espaços indicados pelas reticências, de modo a obter uma frase que faça sentido:

Ex. ... *bolava* ... =
o chefe do bando bolava os planos de fuga.

... está no meio de...
... passeia de noite
... deixei meu cheque?
quem ... foi você
... tomou um café enquanto...
no relógio da diretoria já deu...
esperar mais que vinte minutos, quem é que...?
você acha que ele tem razão, eu acho que...?

5. Nas orações a seguir (que lembram fatos relevantes para a história cultural do Brasil, no século xx), distinga os dois constituintes principais, usando o teste do pronome sujeito:

Ex. *Nos morros e nas vilas nasce a música das multidões.*
Ela (= a música das multidões) nasce nos morros e nas vilas
(Nos morros e nas vilas nasce) (a música das multidões)

O carnaval se oficializa nas ruas e salões.
Uma palavra inglesa, "football", designa o novo lazer das massas.
Na impossibilidade de ter a Metro, o Brasil inventa a Atlântida.
O teatro de revista documentou os momentos mais palpitantes da política nacional de Getúlio a Jânio.
Uma batida diferente do violão de João Gilberto faz nascer a Bossa Nova.
Uma revolução ecoa no tablado: Boal e Guarnieri lideram o movimento.
O "Pato Donald" abre caminho para uma grande aventura editorial.
Intelectuais de diversos matizes ideológicos participam do ISEB.

6. As palavras *assim, também* e *fazer o mesmo* são às vezes usadas para evitar a repetição de um constituinte. Diga que constituinte se evitou repetir nas frases que seguem:

Meu irmãozinho gosta de batatas com ketchup pingando. Mas eu não gosto *assim.*
Meu irmãozinho gosta de batatas com ketchup. Mas eu não gosto *assim.*
Todo mundo estava tirando o sapato e eu *fiz o mesmo.*
Todo mundo estava tirando o sapato, e eu *fiz o mesmo* com a blusa.
Muita gente abastece o carro nesse posto, e eu *também faço isso.*
Muita gente abastece o carro nesse posto, e eu faço isso *com o caminhão.*
Ele viaja com o caminhão descoberto. *Assim* ele vai pegar uma bela multa.
O caminhão voltou sem lona, mas não tinha saído *assim.*

7. Complete a oração com uma das palavras da lista:

O chapéu do vaqueiro do Nordeste é feito .... couro.
com / de / sobre / atrás de / para

Oswaldo Cruz foi alvo .... grandes homenagens em seu tempo.
para / com / sobre / de / sem

O boldo apresenta .... medicinais.
propriedades / propriedade / apropriou-se / próprios / apropriar-se

Os óculos .... são uma invenção recente.
porque / onde / não / justo

8. Se você eliminar algumas das palavras em destaque nas frases abaixo, obterá ainda uma frase compreensível (não necessariamente com o mesmo sentido). Faça você mesmo(a) o teste:

O cristal reflete *as mesmas sete* cores *fundamentais* do arco-íris.
O mês passado recebemos *uma* conta *telefônica astronomicamente alta.*
Branca de Neve foi socorrida por *sete* anões *que viviam na floresta e trabalhavam nas minas de diamantes.*
Dessa vez, voltando à repartição, fui atendido por *uma outra* funcionária, *bem mais qualificada do que o contínuo com quem eu tinha falado da primeira vez.*

9. Identificar as palavras de uma oração entre as quais existe maior coesão pode ser importante para entender corretamente essas mesmas frases, ou para detectar ambiguidades cujo fundamento é sintático. Tente explicar o que há de curioso nestas propagandas:

Treguimar, a maior fabricante de jaquetas de couro e jeans.
[cartaz, na estrada que liga Andradas a Poços de Caldas, MG]

Pães e doces de fabricação caseira.
[letreiro de uma padaria e confeitaria de Varginha, MG]

Estúdio fotográfico Nakamura: filmagens e fotos de qualidade.
[São Paulo, Capital]

Corto cabelos e pinto.
[Em um instituto de beleza de Belo Horizonte]

10. A função sintática exercida pelos vários constituintes é sempre importante para que possamos entender o sentido de uma oração ou período. Por sua vez, a ordem dos constituintes é sempre um elemento a considerar, se quisermos entender que função sintática eles exercem. Nas passagens a seguir, algumas frases são ambíguas. Algumas dessas ambiguidades podem ser eliminadas, mudando-se apenas a ordem de um constituinte. Experimente.

Depois de 20 dias, no entanto, a surpresa: ao invés do material de treinamento, as duas receberam um catálogo de vendas de cosméticos e perfumes pelo correio.
[*Jornal da Cidade*, 17.10.1996]

Banespianos exigem reajuste salarial e abono da Fenaban.
[*O Conselho*, 14.10.1996]

PSDB resiste à operação autorizada pelo governo de apoio a Pitta, no 2º turno.
[*FSP*, 6.10.1996]

Os três assassinos de um rapaz e duas mulheres praticaram os crimes no 1º dia do ano depois de saírem de um churrasco que começou na noite de domingo.
[*Diário do Povo*, 21.4.1997]

Felicidade é: ver uma moça bonita passar e fazer um elogio.
[Marcos Barbosa de Carvalho, catador de papéis, falando à reportagem de OESP, 1.9.1996]

O acusado teria mostrado como matou a arquiteta na presença de policiais e duas testemunhas.
[*FSP*, 2.9.1996]

Espantosa é a existência de uma portaria do Ministério da Agricultura que proíbe o uso em nosso país de anabolizantes para melhorar a produtividade na produção de carne bovina, anabolizantes aprovados pelo FDA, o grande xerife fiscalizador de drogas e alimentos consumidos pelo povo norte-americano.
[OESP, 17.10.1987]

Vendo carne aos fregueses sem pelancas.
[cartaz visto em um açougue de Três Corações, MG]

Estrangeirismos

Objetivo

Desenvolver uma atitude equilibrada em relação ao fenômeno linguístico do empréstimo, tirando proveito das lições que a história da língua e a história da gramática portuguesa nos reservam.

Caracterização geral

Ao longo de sua história (que começa pouco antes do movimento do trovadorismo, fortemente influenciado pela poesia provençal), a língua portuguesa sofreu a influência das numerosas línguas com que esteve em contato. Essa influência se fez sentir pela incorporação de palavras e construções que representam, em geral, um enriquecimento.

Material linguístico

Nenhuma língua escapa de sofrer influências externas; no patrimônio lexical mais antigo da língua portuguesa já se encontram palavras criadas em outras línguas, em particular o provençal, o espanhol e o árabe. Outras línguas que exerceram influência sobre o português do Brasil são o francês, o italiano e o alemão, além, é claro, das línguas africanas e das línguas indígenas brasileiras. A língua que exerce hoje a mais forte influência sobre o português do Brasil é o inglês [ver capítulo "Anglicismos"].

As formas derivadas de línguas estrangeiras são reconhecidas por algum tempo como tais. Paulatinamente, as formas estrangeiras adotam pronúncia e grafia mais "vernáculas", e começam a dar origem a novas palavras e expressões com feições também vernáculas. Nesse ponto do processo, já é quase impossível distingui-las das formas que foram criadas dentro da própria língua.

De tempos em tempos, a incorporação de palavras estrangeiras foi vista como um problema por gramáticos, escritores e políticos: os mesmos argumentos foram então usados (de maneira pouco convincente, e, afinal, sem resultados práticos) para provar que as palavras estrangeiras "corrompem" a língua portuguesa e constituem um vício de linguagem – o barbarismo – que deve ser combatido a todo preço.

Atividade

No segundo semestre de 1999, o deputado Aldo Rebelo (PC do B, São Paulo) encaminhou à discussão na Câmara dos Deputados o Projeto de Lei Nº 1676/99, que "dispõe sobre a promoção, a proteção, a defesa e o uso da língua portuguesa, e dá outras providências". Do texto do projeto de lei foram extraídos os trechos a seguir. Leia e discuta com seus colegas:

[...] Art. 4º. Todo e qualquer uso de palavra ou expressão em língua estrangeira, ressalvados os casos excepcionados nesta lei e na sua regulamentação, será considerado lesivo ao patrimônio cultural brasileiro, punível na forma da lei.
Parágrafo único. Para efeito do que dispõe o *caput* deste artigo, considerar-se-á:
I – prática abusiva, se a palavra ou expressão em língua estrangeira tiver equivalente em língua portuguesa;
II – prática enganosa, se a palavra ou expressão em língua estrangeira puder induzir qualquer pessoa, física ou jurídica, a erro ou ilusão de qualquer espécie;
III – prática danosa ao patrimônio cultural, se a palavra ou expressão em língua estrangeira puder, de algum modo, descaracterizar qualquer elemento da cultura brasileira.

Art. 5º. Toda e qualquer palavra ou expressão em língua estrangeira posta em uso no território nacional ou em repartição brasileira no exterior a partir da data da publicação desta lei, ressalvados os casos excepcionados nesta lei e na sua regulamentação, terá que ser substituída por palavra ou expressão equivalente em língua portuguesa no prazo de 90 (noventa) dias a contar da data de registro da ocorrência.
Parágrafo único. Para o que dispõe o *caput* deste artigo, na inexistência de palavra ou expressão equivalente em língua portuguesa, admitir-se-á o aportuguesamento da palavra ou expressão em língua estrangeira ou o neologismo próprio que venha a ser criado.

Art. 6º. O descumprimento de qualquer disposição desta lei sujeita o infrator a sanção administrativa, na forma da regulamentação, sem prejuízo das sanções de natureza civil, penal e das definidas em normas específicas, com multa no valor de:
I – 1.300 (mil e trezentas) a 4.000 (quatro mil) Ufirs, se pessoa física;
II – 4.000 (quatro mil) a 13.000 (treze mil) Ufirs, se pessoa jurídica;
Parágrafo único. O valor da multa dobrará a cada reincidência.

Entre outros pontos para discutir, pense nos seguintes: (1) É uma boa ideia multar quem usa palavras estrangeiras? (2) Supondo que o projeto fosse aprovado e "pegasse", quais seriam as consequências práticas? (3) A quem cabe decidir se uma expressão estrangeira (*hambúrguer*, por exemplo) tem um equivalente em português? (4) O que seriam exemplos típicos de prática enganosa e de prática danosa ao patrimônio cultural?

Exercícios

1. No início do século xx, uma época em que a França exerceu forte influência sobre as elites brasileiras, muitos gramáticos condenaram o uso de palavras e construções transpostas diretamente do francês, caracterizando esse uso como "galicismo". O gramático filólogo Júlio Nogueira tem a esse propósito ideias menos radicais. Veja o que ele diz (em um manual de redação publicado em 1929) de algumas palavras que eram então acusadas de galicismo; tente extrair desses comentários uma "posição" do autor a respeito da importação de palavras estrangeiras.

avalanche	Propõe-se para substituir esta palavra o termo *alude*, que também não é português, mas castelhano (*alud*).
banal	É censurado por todos que se insurgem contra o galicismo. Acha-se, entretanto, de tal maneira vulgarizado que provavelmente ficará na língua. Pode ser substituído, conforme o sentido, por *vulgar, trivial, fútil, frívolo* etc.
bouquet	Procura-se extirpar este nome de nossa linguagem, onde ele se fixou definitivamente. Os termos *ramilhete* e *ramalhete* são, na sua origem, duplos diminutivos de rama. A ideia de bouquet pressupõe reunião de várias flores, o que não existe em *ramalhete* ou *ramilhete*.
cabaret	Irrecusável hoje. É dos nomes franceses que nos vieram com a cousa. Cândido de Figueiredo tentou substituí-lo pelo termo restaurante, que nem é de cunho vernáculo, nem exprime a ideia de *cabaret*.
debutar	Galicismo antipático. Diga-se *estrear*, que é a mesma cousa em português.
envelope	Já ninguém cogita de substituir o termo, que pertence à linguagem vulgar. Cândido de Figueiredo lembra que se poderia dizer *involtório* ou *invólucro*, mas que não é preciso porque na linguagem comum se diz *sobrescrito*. Talvez por lá... Outros dizem *sobrecarta*, cuja significação é diferente. Fiquemos, pois com o *envelope*.
greve	Tem-se procurado substituir este vocábulo por *parede*, que já hoje é compreensível neste sentido. Mas o termo francês vive ainda na nossa língua e não parece disposto a ceder terreno...
toilette	Esta palavra está irremediavelmente incorporada à língua, não só com a significação de *indumento*, conjunto de peças do vestuário, como conhecido móvel, a que, em bom português, se dá o nome de toucador. [...] A palavra *toilette* vai sendo empregada também em sentido menos asseado: fazer a *toilette*: lavar-se; ir ao *toilette*; à privada, à sentina (como se diz no norte) ou à *casinha*. Esse carioquismo degradou a significação clássica da casinha, que nos tempos de antanho tinha até desembargadores... As palavras também seguem seu destino!

restaurant	Esta palavra não tem correspondente em português. A casa de pasto é cousa bem diversa. O mais que podemos recomendar é que se dê o ar português à palavra, acrescentando-lhe um e final. A sugestão, porém, não tem sido fielmente seguida. O povo antipatizou com o *restaurante*, que parece indicar estabelecimento menos fino, menos elegante que o francês *restaurant*.

2. Os germanismos – palavras derivadas do alemão moderno – não são muito numerosos no português do Brasil. Em compensação, muitos nomes de pessoa que têm uma larga tradição em nossa língua, provêm do germânico, língua a partir da qual se formou o alemão. Veja o significado original de alguns deles. Se você tem amigos com esses nomes, decida se esse significado original descreve bem seus amigos.

Bernardo < *bera* (urso) + *hardu*, (forte) = urso forte ou forte como um urso
Edwiges < *vic*, (santo) + *hathu* (batalha) = batalha santa
Fernando < **frithu* (paz) + **nanth* (audacioso) = audacioso na paz
Guilherme, fem. *Wilma* < *vilja* (vontade) + *helm* (elmo)
Hermano < *harja* (exército, povo) + *man(n)* (homem) = homem de guerra
Luis < Ludwig < *hloda* (glória) + *wiga* (batalha) = glorioso na batalha
Leonardo < *lev* (leão) + *hardu* = leão forte ou forte como um leão
Ricardo < *rikja* (senhor) + *hardu* = forte senhor
Rogério < *hroti* (fama) + *ger* (dardo) = famoso por seu dardo
Romualdo < *hruom* (glória) + *waldam* (comandar) = que comanda com glória
Válter < *waltan* (comandar) + *hari* (povo em guerra) = comandante de um povo em guerra

* Os termos com asterisco indicam formas intuídas na diacronia, sem comprovação escrita.

3. Ao longo de um processo de assimilação cultural que já dura mais de um século, o japonês transmitiu ao português do Brasil um certo número de palavras, algumas das quais acabaram dando origem a novas em solo brasileiro. Aí vão algumas que parecem definitivamente incorporadas ao português

sukiaki
karaokê
sushi
ikebana
shoyu
tofu
sashimi
hashi

Com a ajuda de colegas de origem japonesa, tente explicar o que significam essas palavras; explique por que processo de criação de palavras, e por que raciocínio, de *karaokê* e *sushi* se passou, respectivamente, a *videokê* e *sushi bar*.

4. Ao longo dos séculos, o italiano transmitiu ao português uma série de palavras que denominam:

- Instrumentos musicais (*violino, viola, violoncelo, piano, fagote, corneta...*)
- Modos de executar a música (*adagio, andante etc.*)
- Comidas (*salame, mortadela, macarrão, pizza etc.*)

Você seria capaz de continuar essas listas?

5. É de origem italiana o cumprimento "*tchau*", derivado da forma italiana *ciao*, que na origem significava algo como "criado seu, escravo seu". Comente as expressões "*tchau e bênça*" e "*acabar em pizza*", do ponto de vista fonético e do ponto de vista da formação de novas expressões.

6. O autor do Projeto de Lei 1676/99, deputado Aldo Rebelo, publicou em 29.9.1999, no jornal *Folha de São Paulo*, um artigo em que explicava as motivações do projeto. Desse artigo foram separadas algumas passagens: pede-se que você as leia e anote os argumentos que elas apresentam contra o uso de palavras estrangeiras. Diga em seguida se você concorda com esses argumentos.

> Nos *shoppings centers*, antigos centros comerciais, é rara a loja que não expõe palavra estrangeira na fachada, nos cartazes, nos rótulos dos produtos. Eventos levam nomes exóticos, como 'American Express Love Sound'. É tanta macaquice colonizada, que o uso da definição Cimeira para uma recente reunião de chefes de Estado e de Governo causou estranheza e piada. Estamos tão habituados ao inglês que '*Summit*' seria natural... O presidente da República, em entrevista à rede de TVs educativas, usa expressões incompreensíveis ao povo, como *fast track*. Até no futebol, cujos termos aportuguesamos ou substituímos por engenhosos brasileirismos, volta a influência do inglês: a imprensa chama a melhor de três de *play-off*.
> [...] é mister reconhecer a enorme contribuição que a língua portuguesa tem recebido, ao longo dos séculos, de numerosos idiomas que a enriqueceram com palavras e expressões, hoje tão correntes que parecem portuguesas como um fado. Mas é intolerável a avalancha (para usar um francesismo...) de exotismos que ameaça a integridade da língua. Como no velho ditado, é a dose que faz o veneno.
> [...] Sem xenofobia, mas com altivez e brio, é possível proteger o idioma contra o corrosivo bilinguismo que o desfigura e infunde nos brasileiros a deprimente ilusão de que a língua portuguesa é feia, limitada e vaga. Apesar das regras por vezes tortuosas, é bela, pródiga e precisa, dotada de recursos léxicos suficientes para acompanhar as descobertas, invenções e mudanças que transformam o mundo.

7. Enquanto os puristas discutem, Portugal e o Brasil, ligados a diferentes parceiros na tecnologia, no comércio etc., vão assimilando empréstimos diferentes. Compare e, se tiver ocasião, anote palavras que caberiam nesta lista:

Português de Portugal	Português do Brasil
logicial	*programa [de computador]*
ordenador	*computador*
sida	*Aids*
etc.

8. Ao passo que o latim falado pelo povo se modificou até transformar-se nas várias línguas românicas faladas hoje (inclusive o português), o latim dos eruditos manteve-se preso aos modelos literários da antiguidade clássica e, embora tenha sido cultivado por muitos séculos, não chegou propriamente a modificar-se ao longo do tempo. Deste latim, o português recebeu várias palavras por empréstimo, geralmente pela mediação de alguma linguagem técnica (por exemplo a do direito). Você já deve ter lido ou ouvido algumas dessas palavras, que são correntes. Explique o que significam estas expressões latinas:

- *habeas corpus*
- adiamento *sine die*
- reitor *pro tempore*
- *ex-officio*
- *ex libris*
- *bona fide*
- *summa cum laude*
- *data venia*

9. Muitas palavras que começam por *al-* remontam a antigos empréstimos que o português recebeu do árabe. Consulte um dicionário etimológico e, para cada uma das palavras dadas a seguir, verifique: 1) em que época ela entrou no português; 2) que significado tinha a palavra árabe de que ela se originou (às vezes o significado não é o mesmo).

álgebra | algema
alferes | algibeira
alfinete | algodão
algarismo | almofada
algazarra | alvoroço

10. Os dois verbetes que seguem foram extraídos, respectivamente, de um dicionário do francês *(Petit Robert)* e um dicionário do italiano *(Zingarelli)*. O que é que eles ensinam a respeito de empréstimos?

BOSSA-NOVA [bOsanOva] n.f – v. 1962; mots port., proprement "nouvelle vague" · Musique de danse brésilienne influencée par le jazz de tendance cool. Cette danse elle-même. *Danser des bossas-nova.* (p. 243)

bòssa nova / 'bOssa 'nOva. port. 'bOsA 'novA, 'bOsa 'nOva / [vc. port. del Brasile: 'tendenza (dal senso originale di 'bernoccolo') nuova] s.f. inv. · Ballo d' origine brasiliana, derivante dal samba. (p. 242)

Etimologia

Objetivo

Identificar alguns mecanismos que já foram importantes para a evolução da língua e que continuam ativos como meios de formação de palavras e construções gramaticais.

Caracterização geral

Há dois usos que se fazem da palavra etimologia:

A *etimologia científica* é o estudo histórico que investiga a origem das palavras. Ela mostra, tipicamente, que há continuidade entre a forma e o sentido que as palavras têm hoje, e a forma e o sentido que elas apresentavam em fases mais antigas da língua. Por exemplo, a etimologia estabeleceu em bases científicas que a palavra portuguesa *decidir* se originou da palavra latina *decidere*, que significava "cortar". Do ponto de vista da forma, as principais mudanças dizem respeito à posição do acento (decídere > decidír) e ao timbre da vogal que identifica a conjugação (decidere > decidir). A mudança de sentido explica-se pelo fato de que, em certo momento, a tomada de decisão foi representada como um corte: quem toma uma decisão, corta uma parte, abre mão de alguma coisa.

A *etimologia popular* é uma prática não científica, por meio da qual as pessoas modificam as palavras de modo a fazer aparecer elementos que expliquem a sua significação. Assim, alguém que diga *gosméticos* em vez de *cosméticos* pode estar tentando interpretar esta palavra como "produtos à base de... gosma".

Material linguístico

Uma definição etimológica é aquela que apresenta o sentido originário de uma palavra; são exemplos de definição etimológica, entre muitos outros:

Decidir é cortar
Definir é cercar, delimitar
Agonia é luta
Virtude é macheza

O léxico da língua portuguesa falada no Brasil compreende palavras de várias origens, incorporadas em épocas diferentes. A parte mais "antiga" é formada de palavras de origem:

Latina, como *casa, dono, Cláudio, Priscila;*
Grega, como *palavra, meteorologia, Alexandre, Felipe;*
Germânica, como *guarda, sabão, Rodrigo, Bernardo;*
Árabe, como *álgebra, alfinete, algodão, Jamil;*
Indígena, como *minhoca, beiju, Ubirajara, Jurandir;*
Africana, como *mandinga, acarajé, Janaína, ganzá.*

Além dessas origens "mais antigas", o português recebeu palavras das inúmeras línguas com as quais os portugueses entraram em contato, durante as grandes navegações, bem como das línguas europeias e asiáticas dos imigrantes que vieram ao Brasil a partir das últimas décadas do século XIX. Em todos os tempos, inúmeros "empréstimos" passaram ao português, com inovações técnicas, científicas ou dos costumes (ver os capítulos "Anglicismos" e "Estrangeirismos").

Quando se fala da origem das palavras do português, sempre é bom lembrar também que as palavras previamente existentes na língua são o material mais importante e mais usado para criações de novas formas.

Atividade

Veja esta página de um dicionário etimológico [Antenor Nascentes, *Dicionário Etimológico Resumido*, p. 320]. Comente as principais diferenças que você observou em relação a um dicionário comum. [Nesta atividade, você precisará da ajuda de seu professor para explicar uma série de abreviações e convenções usadas pelo dicionarista].

Faveiro. De *fava*, q.v., e suf.*-eiro*. Nome de três plantas da família Leguminosae que dão vagens com sementes parecidas com favas.

Favela. De *fava*, q.v. e suf.*-ela*. É um arbusto da família Euphorbiaceae e não da família Leguminosae. Os soldados que tomaram parte na campanha de Canudos deram este nome a um morro que tinha no alto uma favela e, ao chegar ao Rio de Janeiro, pediram licença ao Ministério da Guerra para se estabelecerem com suas famílias no alto do Morro da Providência, passando a denominar este morro como da *Favela*, ou por lembrança do de Canudos, ou por alguma semelhança que encontraram. O nome se generalizou para "conjuntos de habitações populares, construídas com materiais improvisados (madeira de caixotes, folhas de lata etc.) e geralmente em desacordo com as disposições legais".

Favela-*branca*. De *favela*, q.v., e do feminino do adj. *branco*, q.v.

Faveleiro. De *favela*, q.v., e suf. *-eiro*.

Faviforme. Do lat. *favu*, "favo", *i* de ligação e *forma* "forma".

Favila. Do lat. *favilla*, por via semierudita.

Favo. Do lat. *favu*

Favônio. Do lat. *favoniu*, por via erudita.

Favor. Do lat. *favore*, por via erudita.

Favorável. Do lat. *favorabile*, por via semierudita.

Favorito. Do ital. *favorito*.

Faxina. Do it. *fascina* "braçado de lenha". Do sentido de "feixe de ramos com que se entopem fossos de fortificações" passou ao de "trabalho de ir buscar esses ramos e entulhá-los nos fossos". Depois, passou ao de "trabalho de limpeza nas casernas". Depois generalizou-se para "qualquer trabalho árduo".

Faxina-vermelha. De *faxina* e do fem. do adj. *vermelho*, q.v.

Faz de conta. Da terceira pessoa do sing. do pres. do ind. de *fazer*, da conj. *e*, e *conta*, q.v. É o marido enganado pela mulher, o qual finge que não vê o que se passa.

Fazenda. Do lat. vulg. lusitano *facenda*, "coisas que devem ser feitas", gerundivo do lat. facere, por facienda, gerundivo de facere. O sentido primitivo de "ocupações" passou ao de "bens, propriedades rústicas, mercadoria, pano".

Exercícios

1. Os nomes próprios de pessoa pouco ou nada nos informam sobre as características das pessoas a quem são aplicados: no máximo, informam-nos sobre seu sexo. Mas na origem muitos desses nomes indicavam características físicas, procedência etc. Veja as definições etimológicas destes nomes, todos de origem latina:

Augusta – divina
Benedito – bem dito
Beatriz – que torna felizes
César – nascido mediante um corte
Cícero – grão-de-bico
Cláudia – manca
Cecília – ceguinha
Fausto – próspero

Flávia – loira
Letícia – alegria
Lívio – pálido (lívido)
Paulo – pequeno
Priscila – primeir(inh)a
Silvestre – do mato
Valério – doentinho

Você conhece alguma pessoa que tenha um desses nomes e que faça jus à sua definição etimológica? Se for o caso, conte sua história.

2. Um processo ao qual a língua portuguesa deve muitas palavras consistiu em usar apenas o adjetivo, em vez do par adjetivo + substantivo. Assim, a palavra *estrada* origina-se de "*via strata*", literalmente, caminho que recebeu uma camada (estrato) de pedras como calçamento. Esse processo ainda está muito vivo no português. Procure estabelecer qual é a palavra que foi eliminada na posição correspondente às reticências; continue você mesmo essa lista.

Um sanduíche de ..... calabresa e um ..... pingado [as palavras procuradas são *linguiça* e *leite*].
Filas enormes nas ..... lotéricas, devido à acumulação da mega-sena.
Crianças elegem seu bicho preferido no ..... zoológico da cidade.
A jaqueta tem um bolso especial para você guardar seu ..... celular.
Fotos tiradas numa ..... polaroide, que permite a revelação instantânea.
Custos do tratamento de um ..... molar e dois ..... caninos.

3. Uma forma bastante difundida no Brasil de criar os nomes próprios consiste em juntar algumas sílabas do nome do pai com algumas sílabas do nome da mãe. Imagine que nome poderia ganhar uma criança do sexo masculino cujos pais se chamam:

Ubirajara e Paulina
José e Maria
etc.

(tente repetir a experiência com outros nomes para os pais e uma criança de sexo feminino).

4. A partir de uma mesma palavra latina, *digitus*, formaram-se em português as palavras *dedo* e *dígito*, além de uma série bastante grande de cognatos. Veja esta família de palavras. Procure decidir em quais delas a ideia de dedo está claramente presente e em quais ela está claramente ausente (não se preocupe se sobrar um "resto"):
 – dedo, (impressão) digital, (imagem) digital, digitação, digitalizar, dedar, dedo-duro, dedurar, dedal, dedilhado

5. Você vai encontrar a seguir uma série de formas que não existem em nenhum dicionário, criadas por etimologia popular, que foram ouvidas e anotadas pelo autor deste livro. Procure explicar o raciocínio que está por trás de cada uma delas, e, se puder, acrescente formas criadas pelo mesmo processo, que você mesmo tenha observado:

 – gosmético por cosmético
 – paratrapo por esparadrapo
 – vaziame por vasilhame (aplicado a um engradado de cerveja onde só havia garrafas vazias)
 – regrador por regador
 – betorneira por betoneira
 – terraplanagem por terraplenagem

– palavras de baixo escalão por palavras de baixo calão

6. Muitos verbos que dizem respeito às atividades abstratas originam-se de palavras que indicavam uma ação meramente física. Assim, *pensar* vem de *pensare*, "pesar, pôr nos pesos da balança"; *achar* vem de *afflare*, "farejar" (o cão que fareja a pista de um animal, acaba por encontrá-lo) etc. Esse procedimento ainda funciona hoje para a criação de novos sentidos. Usando os jornais dos últimos cinco dias, faça uma pequena coleção de manchetes em que uma palavra de significação inicialmente concreta foi usada para indicar uma ação abstrata

Exemplo: Governo *congela* preços de medicamentos.
etc.

7. Entre as palavras de origem africana que entraram para o português comum, estão os nomes dos deuses africanos venerados no Candomblé. Nos anos 1960, as religiões africanas e seus ritmos tradicionais foram, por assim dizer, "descobertos" pelos autores da música popular brasileira, que neles se inspiraram para criar algumas das mais belas canções de toda a musicologia brasileira. Procure ouvir uma gravação de "Arrastão" ou de "Canto de Ossanha", de Baden Powell. Acompanhe com atenção a letra e, em seguida, responda:

(1) Quais são as divindades africanas mencionadas na canção?
(2) O que se diz delas?

8. Durante séculos, as línguas modernas, entre elas o português, foram buscar no grego radicais, prefixos e sufixos com os quais formaram novas palavras, que haviam se tornado necessárias devido às novas descobertas da ciência. Entre os nomes assim criados estão os de algumas doenças. Procure determinar que órgão(s) são afetados pelas doenças abaixo:

cistite
mastite
flebite
periostite
adenite
rinite
dermatite
otite
estomatite

9. A raiz grega *hydros* (hidro) deu origem a muitas palavras no século xx. Tente explicar as que vêm transcritas a seguir, a partir da ideia que elas têm em comum:

hidroavião, hidromassagem, desidratação, hidrocefalia, [algodão] *hidrófilo, verdura hidropônica, hidrômetro,* [bacia] *hidrográfica* [de um rio], *hidrante.*

10. As palavras gregas *grama* e *grafia*, significando respectivamente "traço" e "desenho, representação, descrição" estão presentes em uma grande quantidade de palavras modernas, que indicam alguma tecnologia que visa a reproduzir as qualidades de algum objeto: *a fotografia,* o *eletrocardiograma,* o *hemograma,* a *telegrafia* (hoje suplantada por uma série de recursos mais rápidos), a *radiografia,* a *holografia* etc. Tente saber um pouco mais sobre essas técnicas e responda em seguida:

Quais desses nomes indicam *o meio* utilizado para obter a representação em questão?
Quais desses nomes indicam *o objeto* de que se procura uma representação?
Quais indicam *a dificuldade* que a técnica permitiu superar/a inovação trazida pela técnica em questão?

Flexão nominal

Objetivo

Explorar algumas das variações morfológicas próprias dos substantivos e adjetivos; refletir sobre os efeitos de sentido a elas associados.

Caracterização geral

A gramática tradicional reunia sob o nome de "flexão nominal" alguns fenômenos que dizem respeito aos nomes, isto é, aos substantivos e adjetivos a saber:(a) a variação de gênero e de número expressa pelo uso de desinências; (b) a formação dos graus dos substantivo e adjetivo, que apelam para sufixos como *-inho, -ão, -zarrão, -íssimo, -érrimo.*

Material linguístico

As flexões nominais são aquelas que se aplicam aos substantivos e adjetivos, a saber, as de gênero, número e grau, representadas pelo quadro abaixo:

	Flexão	Substantivos	Adjetivos
Gênero	Masculino x Feminino	*avô / avó* *porco / porca* *gato / gata*	bom / boa
Número	Singular x Plural	*porco / porcos* *gato / gatos*	bom livro / bons livros
Grau	Normal x Diminutivo x Aumentativo	*porco / porquinho* *porção (porcaço)*	*(bonzinho/bonzão)*
	Normal x Comparativo x Superlativo		*alto / altíssimo*

Essas variações sempre foram assunto das gramáticas ao passo que os dicionários, tradicionalmente, registram os substantivos e os adjetivos no "grau normal".

Além das *terminações* típicas (-a para o feminino e -s para o plural) *as mudanças de timbre* têm um papel importante no reconhecimento do gênero e do número (p. ex. porco/porcos – ô / ó).

Para formar o gênero, e o grau, certos substantivos e adjetivos não recorrem à flexão, sendo necessário lançar mão de outras palavras: é o fenômeno da *supletividade*. É o caso dos exemplos a seguir:

Cavalo / égua (a cavala existe, mas é um peixe)
Carneiro / ovelha

Bom / boníssimo ou *ótimo*
Mau / péssimo

Há, na língua, alguns "falsos femininos" como

cano / cana
tranco / tranca
porto / porta

Atividade

Muitas pessoas têm sérias dúvidas quanto ao gênero de palavras como *grama, agravante, atenuante, personagem, soprano, contralto, manequim, telefonema e dó*. O jornalista Eduardo Martins tratou dessas dúvidas em seu livro *Com Todas as Palavras*, dedicando-lhes um capítulo inteiro que se intitula "Palavras também têm sexo". Parece claro que esse autor, que escreve sobre a língua portuguesa numa perspectiva estritamente normativa, conseguiu dar a esse capítulo um título bastante sugestivo. Mas vale a pena confundir gênero e sexo?

Exercícios

1. Exclua os casos em que as terminações não se associam naturalmente à palavra, formando combinações que "não existem na língua":

casa + s = casas
dente + íssimo = dentíssimo
feijão + zinho = feijãozinho
arroz + avam = arrozavam
telefone + érrimo = telefonérrimo
fácil + mente = facilmente
cantar + mente = cantarmente
cantar + s = cantars

2. Em algum sentido, podemos dizer que as palavras da coluna da direita são os "femininos" das palavras da coluna da esquerda. Mas para isso temos que entender "feminino" de várias maneiras diferentes. Explique por quê.

barco	barca
barraco	barraca
bico	bica
bode	cabra
carneiro	ovelha
conto	conta
copo	copa
duque	duquesa
empresário	empresária
enfermeiro	enfermeira
espírito	espírita
filho	filha
gato	gata
Guilherme	Guilhermina
maestro	maestrina
poeta	poeta
ponto	ponta
porto	porta
príncipe	princesa
tubo	tuba
veado	corça

3. A formação do feminino de algumas palavras já foi motivo de muita discussão entre os gramáticos. Uma dessas palavras é *poeta*: embora as gramáticas continuem recomendando a forma de feminino *poetisa*, é cada vez mais comum usar-se como feminino a mesma forma usada para o masculino, isto é *poeta*. O *Manual de Redação* do jornal OESP, em sua edição de 1990, assim regulamentava essa matéria:

> **Poeta, poetisa.** Use **poeta** para o homem e **poetisa** para a mulher. Respeite, porém, a forma **a poeta**, em artigos assinados, pois há quem atribua juízo de valor à palavra (**poetisa**, assim, seria qualquer mulher que faça versos e **poeta**, uma autora de méritos). [p. 240]

O que você acha dessa solução, adotada pelo jornal OESP? Ela lhe parece politicamente correta?

90 Introdução ao estudo do léxico - brincando com as palavras

4. Em sua opinião, existe alguma relação de sentido entre os dois substantivos de cada um destes pares? Qual?

um cerco e uma cerca?
o dobro e a dobra?
o ponto e a ponta?
o casco e a casca?
o porto e a porta?
um cinto e uma cinta?
um fosso e uma fossa?
um cargo e uma carga?

5. É sabido que uma das principais diferenças entre a variedade culta e as variedades substandard do português brasileiro reside no uso dos morfemas de gênero (e número) no interior do sintagma nominal. Em decorrência dessa variação, muitas músicas autenticamente populares ou folclóricas foram gravadas ora com uma pronúncia substandard, ora com a pronúncia própria da fala culta. É o caso de "Cuitelinho", cuja letra foi transcrita a seguir a partir da gravação da dupla caipira Pena Branca e Xavantinho, e da gravação de Diana Pequeno.

(a) Compare as duas versões e identifique a pronúncia substandard; tente explicar como funciona a concordância nominal nessa variedade.
(b) Procure determinar como foi inicialmente composta a letra, com base na métrica.

Cheguei na beira do porto	*Cheguei na beira do porto*
Onde *as ondas* se espalha	Onde *as onda* se espaia
As garças dá meia volta	*As garça* dá meia volta
E senta na beira da praia	E senta na beira da praia
E o cuitelinho não gosta	E o cuitelinho não gosta
Que o botão de rosa caia	Que o botão de rosa caia
Quando vim da minha terra	Quando vim da minha terra
Despedi da parentalha	Despedi da parentaia
Eu entrei no Mato Grosso	Eu entrei no Mato Grosso
Dei em *terras paraguaias*	Dei em *terras paraguaia*
Lá tinha revolução	Lá tinha revolução
Enfrentei *forte batalha.*	Enfrentei *fortes bataia.*
A tua saudade corta	A tua saudade corta
Como aço de navalha	Como aço de navalha
O coração fica aflito	O coração fica aflito
Bate uma e *a outra* falha	Bate uma e *as outra* falha
E *os olhos* se enche dágua	E *os óio* se enche dágua
Que até a vista se atrapalha	Que inté a vista se atrapaia
(Diana Pequeno)	(Pena Branca e Xavantino)

6. As terminações *-ol, -ulo, -ula, -im, -ilho, -ilha, -ículo, -icula* (e algumas outras) já foram, no passado, recursos de que o português dispunha para formar diminutivos de nomes. Na lista abaixo, há uma relação histórica entre as duas palavras de cada par. Você acha que essa relação ainda é perceptível como um tipo de diminutivo?

> *um lenço ou um lençol?*
> *uma espada ou uma espátula?*
> *um boteco ou um botequim?*
> *um sapato ou uma sapatilha?*
> *os fundos ou os fundilhos?*
> *o ferro ou o ferrolho?*

7. Compare as palavras da coluna da esquerda com as palavras da coluna da direita: dá para acreditar que as palavras da direita representam "o mesmo objeto, porém menor", ou o mesmo objeto "apresentado afetivamente"?

> *colar x colarinho*
> *calças x calcinhas*
> *corrente x correntinha*
> *pão x pãozinho*
> *bolo x bolinho*
> *burro x burrinho (peça da mecânica do automóvel)*

8. É comum usarmos o singular para falar não de um indivíduo (específico), mas de todos os indivíduos do mesmo tipo (genérico), o que na prática é uma maneira de usar o singular pelo plural. Verifique se, nas manchetes abaixo, os sintagmas nominais falam especificamente de um indivíduo ou genericamente de todos os indivíduos do mesmo tipo.

Curta brasileiro na Finlândia

O curta-metragem *E no Meio Passa um Trem*, produzido pela 02 Filmes e dirigido por Fernando Meirelles e Nando Olival, será o único brasileiro a participar do Festival Internacional de Tampere, na Finlândia, que será realizado entre os dias 8 e 12. [OESP, 24.2.2000]

Empresário rejeita redução de jornada

São Paulo – O empresariado brasileiro não está disposto, neste momento, a tocar o assunto da redução da jornada de trabalho, apesar da campanha iniciada pelas principais centrais sindicais do país, a Força Sindical e a CUT. [*Diário do Povo*, Campinas 13.2.2000]

Mutuário pode ficar livre de resíduo	**Assassinato cresce 7 % em Campinas**
Agência Estado O Banco Central e a secretaria da Receita Federal vão estudar a reivindicação dos bancos privados, feita pela Associação das Entidades de Crédito Imobiliário (Abecip) para que os mutuários do Sistema Financeiro de Habitação (sfh) com contratos sem cobertura do Fundo de Compensação de Variações Salariais (fcvs) possam deixar de arcar com o resíduo do saldo devedor ao final dos contratos.	*RICARDO BRANDT* da Folha Campinas A polícia de Campinas registrou 492 homicídios no ano passado, um salto de 7% em relação a 98...

9. A formação de comparativos e superlativos tem sido vista como uma característica própria dos adjetivos, mas não é verdade que todo adjetivo pode ser usado no grau comparativo ou superlativo. Além disso, há adjetivos que só se usam no comparativo e no superlativo a depender do sentido que lhes é atribuído. Procure responder a estas perguntas:

(a) *Muito quadrado* tem a ver com as características da figura geométrica de quatro lados?

(b) Quando dizemos de alguém que ele é *meio santo,* queremos dizer que o papa o canonizou apenas pela metade?

(c) Quando, entre duas soluções, os administradores escolhem a *mais linear,* a escolha é entre duas geometrias?

(d) Faz sentido imaginar um turista, cidadão dos Estados Unidos da América, que não *seja "nem um pouco americano"*?

(e) As pessoas são mais ou menos elétricas; um motor de liquidificador tem chances de *ser mais ou menos elétrico*?

10. Há muitas maneiras de intensificar um adjetivo além do recurso à flexão do superlativo. E há muito mais situações em que entendemos os adjetivos a partir de uma comparação do que a gramática nos acostumou a pensar. Separe as frases a seguir em dois conjuntos: (1) as que representam formas não gramaticalizadas de intensificar; (2) as que implicam algum tipo de comparação, para serem adequadamente compreendidas (atenção: algumas frases precisarão aparecer nos dois conjuntos).

Essa marca de cerveja é cara à beça.
Achei a L. muito carente para uma mulher recém-casada.
Não mexa com esse cara. Ele é violento pacas.
Em poucos anos, o L.G.N. ficou podre de rico, emprestando dinheiro a juros.

O S. não foi considerado inteligente o bastante para ser aceito nessa Universidade.
O tratamento que recebi foi humilhante demais, depois de 30 anos de empresa.
O C.F. é muito lúcido, para quem fez 98 anos há poucos dias.
Você falou que o Z. anda chato? Põe chato nisso.

Formação de palavras novas e sentidos novos na língua

Objetivo

Reconhecer os principais processos de formação de palavras que utilizam material linguístico previamente existente na língua (em oposição às palavras que resultam de empréstimo). Mostrar que esses processos se distinguem entre si não só pelo tipo de produto que geram, mas ainda por sua maior ou menor produtividade e pela frequência com que são usados.

Caracterização geral

Enquanto se discute se as palavras de origem estrangeira "corrompem" a língua, o português cria todo dia palavras novas, recorrendo a processos de formação próprios (como a sufixação, a prefixação e a composição) ou atribuindo novos sentidos a palavras previamente existentes.

Material linguístico

É comum que palavras e expressões já existentes na língua ganhem novos sentidos. A palavra *carro*, por exemplo, que indicava o carro de bois no século passado, é hoje o termo corrente para indicar o veículo movido por um motor a explosão que, mais refinadamente, é chamado de automóvel.

Também é comum formar palavras pela combinação de morfemas, isto é, unidades significativas de dimensões inferiores à palavra. De acordo com um dos principais especialistas no assunto, o Prof. Antônio José Sandman (em *Formação de Palavras no Português Brasileiro Contemporâneo*, 1989), os processos de formação de palavras mais usados no português atual são, por ordem de importância, a sufixação, a prefixação e a composição que, juntos respondem por cerca de 90% da formação de novas palavras a partir de material já presente na língua. Como exemplos desses processos foram usadas a seguir algumas palavras que, a julgar pelos dicionários, têm menos de 50 anos.

Processo	Exemplos
sufixação	**-ismo / -ista / -ando / -ento / -ável / -udo / -aço / -ite / -ose / -íssimo / -ês / -esco / -arada / -ar / -ir:** malufismo, malufista, vestibulando, piolhento, malufento, reitorável, presidenciável, topetudo, panelaço, buzinaço, bandejaço, governite, frescurite, xuxite, sinistrose, candidatíssimo, gatíssima, economês, computadorês, vampiresco, policialesco, fiiharada, malufar, collorir.

96 Introdução ao estudo do léxico - brincando com as palavras

Sufixação	**-gate / -dromo / -lândia:** collorgate, autódromo, sambódromo, malhódromo, camelódromo, fumódromo, Boatolândia, Eletrolândia.
Prefixação	**anti- / des- / disque- / hiper- / in- / maxi- / macro- / mega- / micro- / mini- / multi- / não- / sem- / super- / tele- :** anticandidato, descupinização, desempregado, desprefeito (aplicado a Jânio Quadros pelo OESP); disque-pizza, hipermercado, impopular; maxidesvalorização, megainvestidor, microempresa, minimercado, multinacional, o não governo do Rio, um país não alinhado, sem-terra, sem-teto, telegaleto, telepizza, televenda, telecompra etc.
composição Substantivo + substantivo	DETERMINADO + DETERMINANTE seguro-desemprego, greve-relâmpago, bolsa-pesquisa, bolsa-estágio, conta-fantasma, funcionário-fantasma, entidade-fantasma, futebol-espetáculo, vale-brinde, vale-refeição. DETERMINANTE + DETERMINADO gibiteca, motogincana, pornodeputada, ecoturismo, dinossauromania, cervejólatra, motoboy, motorromeiro.

Menos usados, mas ainda assim importantes são as seguintes "formações especiais":

Cruzamentos de palavras: Goianobil (Goiânia + Chernobil); Frangarel (Frangueiro + Taffarel); baianeiro (baiano + brasileiro); miserite (miséria + holerite)

Formações analógicas: videasta (sobre cineasta), tratorata, carreata (sobre passeata), metroviário (sobre ferroviário);

Vários tipos de abreviações: melô (por melodrama), multi (nacional), retrô (retrógrado), confa (por confusão), rebu (por rebuliço), proleta (por proletário), longa (por longa-metragem), beerre (por rodovia federal).

Atividade

Quando a venda a crédito se popularizou no Brasil, a partir dos anos 1960, muitos comerciantes deram às suas lojas nomes que anunciavam a nova modalidade de pagamento, supostamente vantajosa para o freguês: Credi-Rei, Credi-Fernandes, Credi-Cidade etc. Quando, mais recentemente, popularizou-se o sistema de entrega em domicílio de produtos encomendados pelo telefone, apareceram nomes como Disque-pizza, Disque-Remédio, Disque-Gelo, Disque-frango etc. Ande pela sua cidade (ou pelas páginas amarelas da lista telefônica de uma grande cidade, se preferir) e repare nos nomes das lojas: a partir de alguma tendência que você terá observado (uma das duas acima, ou outra), procure entrevistar alguns comerciantes. Pergunte a eles quando foi dado o nome de fantasia

> de seu estabelecimento, qual a razão da escolha (se eles tomaram algum outro estabelecimento como modelo etc.). Procure também apurar se, na opinião do comerciante, o nome do estabelecimento contribuiu para o sucesso do mesmo. Não esqueça de perguntar ao comerciante que nome ele daria hoje a seu estabelecimento e por quê.

Exercícios

1. A escolha entre duas palavras formadas a partir de um mesmo radical indica por vezes uma opinião, além de passar informações objetivas. Pense na diferença que faz chamar alguém de

malufista ou malufento
pefelista ou pefelento
petista ou petelho

Tente explicar a origem dessa diferença.

2. Geralmente, na formação de palavras novas, o sufixo -ar forma verbos intransitivos, ao passo que o sufixo -izar forma verbos transitivos. Na lista abaixo, verifique os casos que constituem exceção a essa regra.

Professora, o Pedrinho malufou minha borracha!
O disquete bichou!
A biblioteca prometeu informatizar o empréstimo até o fim do semestre.
A universidade terceirizou os serviços de limpeza.
Vamos precisar chamar um técnico para consertar o computador. Há alguns dias que não resseta.

3. Um dos aspectos mais interessantes das obras de Guimarães Rosa é sua prosa inconfundível, caracterizada pela contínua criação de palavras novas, a partir do cruzamento de palavras comuns do português (quem já leu o *Grande Sertão* lembrará por exemplo de formações como *codorniz*, cruzamento de *codorna* e *perdiz* ou *prostitutriz*, cruzamento de *prostituta* e *meretriz*. Em textos de pessoas comuns, que escreviam sem qualquer pretensão literária, a Prof.ª Laís Furquim do Azevedo encontrou estas formações, que poderiam ter saído da pena de Guimarães Rosa:

sobrelotada (sobrecarregada x lotada)
entretudo (entretanto x contudo)

98   Introdução ao estudo do léxico - brincando com as palavras

ansejos (anseios x desejos)
discursões (discursos x discussões)
balburdio (balbucio x balbúrdia)
eu entronhei (eu enturmei x eu entrosei)
folgosamente (folgadamente x fogosamente)
estremular (estremecer x tremular)
restrangidas (retraídas x restringidas)
deturbação (perturbação x deturpação)
devassadora (devastadora x avassaladora)

Supondo que você tivesse poder para tomar essa decisão, quais dentre as formas acima você admitiria na linguagem literária?

4. Alguns sufixos já foram mais produtivos no passado do que o são hoje. Entre eles estão: -ama, -edo, -aréu, -idão, -itude, -onho. Mostre que você é capaz de reconhecer esses sufixos, descobrindo para cada um deles uma ou duas palavras em que ocorrem. Crie, para cada um deles uma palavra nova, aplicando-o às seguintes bases (não necessariamente na ordem): *ferramenta, cabelo, prédio, pacato, batata, lerdo, comprido, miúdo, oco* ou a outras que você lembre.

5. Um processo curioso de formação de palavras (de que não se falou no "Material Linguístico" deste capítulo) é a chamada *derivação delocutiva*. Por esse processo, uma frase que costumava ser pronunciada como parte de uma determinada ação ou situação, toma-se o nome dessa mesma ação ou situação. Veja estas frases, pense no que significam e procure descrever a situação em que foram inicialmente usadas:

Ela estava usando uma roupa muito *cheguei*.
Vamos deixar de *entretantos* e passar aos *finalmentes*.
Foi um Deus nos acuda [ou: *um pega pra capar, um salve-se quem puder*].
Ela é uma pessoa cheia de não me toques [de nhe-nhe-nhens].
Se não entra a turma do *deixa disso*, alguém saía machucado.
É a política do *toma lá dá cá*.
Ela mora num prédio *joga a chave* [derruba a chave] perto do Bosque.
Uma das inovações da moda dessa época foi a blusa *tomara que caia*.
Do jeito que vai, alguém vai ter que dar um dá ou desce nesse colega.

6. Quando o presidente Itamar Franco conseguiu que a Volkswagen do Brasil reiniciasse a fabricação de seu modelo mais popular em todos os tempos – o fusca – voltou a ser ouvida, para indicar precisamente aquele modelo, a expressão "pois é". "Tenho um *pois é*", "Vamos até lá no meu *pois é*". Sabendo o que vem a ser derivação delocutiva, como você explicaria a origem dessa palavra "*pois é*"?

7. Situado a menos de 100 quilômetros da capital paulista, o parque de diversões Hopi Hari apresenta-se como um país a parte e oferece a seus visitantes uma quantidade de brinquedos, entre os quais está o Hopês, uma língua supostamente diferente do português. Uma das regiões desse país é a Infantasia, dedicada especialmente às crianças pequenas. Em maio de 2000, assim vinham descritas na Internet as atrações dessa parte do parque:

Mais atrações

Se você é criança, este é seu pedaço em Hopi Hari. Infantasia é brincadeira atrás de brincadeira. Até a turma da Vila Sésamo veio morar aqui. Eles são muito legais e estão loucos para fazer novos amigos.

Para se divertir:

1. **Kastel di Lendas** - Uma viagem fabulosa através das lendas brasileiras.
2. **Klapi-klapi Show** - Espetáculo ao ar livre, com o pessoal da Vila Sésamo.
3. **Parkid** - O playground da Vila Sésamo.
4. **Giranda Pokotó** - O carrossel mágico de Infantasia.
5. **Chabum** - Playground aquático da turma da Vila Sésamo.
6. **Giralata** - As latas de lixo do Oscar giram em todas as direções.
7. **Dispenkito** - Uma torrezinha que despenca legal. Dá um friozinho na barriga.
8. **Komboio** - Uma emocionante corrida de supercaminhões.
9. **Bugabalum** - Os balões coloridos de Infantasia. Vamos voar?

Para comer:

10. **Pizza da Vila** - Pizza quentinha em pedaços.
11. **Hopi Hango da Vila** - Comidinhas e bebidinhas.

Para comprar:

12. **Vila Sésamo Shopi** - Lojinha com tudo que você quer ter da Vila Sésamo.

100 Introdução ao estudo do léxico - brincando com as palavras

8. Mesmo deixando de lado as siglas que identificam instituiões (INPS, BC etc.), o contingente de novas palavras que se originam de siglas é relativamente alto no português-brasileiro de hoje. Explique o que é

um exame de DNA
uma crise de TPM
um remédio BO
um PF
um disco de MPB
uma UTI *móvel*
um PM
um AVC *fatal*
um VPS
um BO *policial*

Procure lembrar-se de alguma outra sigla que agora você conhece bem, mas que, de início, foi um mistério para você.

9. Na notícia a seguir, utiliza-se várias vezes a palavra "adultério" com o sentido de "infidelidade conjugal", "infidelidade entre os cônjuges, no casamento". Mas na última ocorrência da palavra o sentido é outro. Explique o novo sentido que a palavra assume neste texto. Relacione-o com o novo sentido que a palavra "casamento" vem assumindo nas últimas décadas. Confira com pessoas de idades diferentes se elas aplicariam a palavra "casamento" à união estável entre pessoas do mesmo sexo, e "adultério" à traição, quando ocorre em um casal de homossexuais.

Detetive particular lucra com adultério

Quando o assunto é traição, dois dos maiores escritórios de investigação do Recife, o Bureaux de Investigações Particulares e a Agência Nacional de Investigações, a última composta por uma equipe de 30 agentes entre homens e mulheres, não pode se queixar.

De uma média de 30 casos apurados mensalmente, cerca de 50% são de adultério, sendo as mulheres – responsáveis por 70% dos contratos – as maiores clientes. Os preços das investigações variam conforme a dificuldade do caso bem como do tipo de operação a ser feita.

O dono na Agência Nacional de Investigações, Oscar Tomé, 39 anos, afirma que existem mil e uma maneiras de desvendar um "deslize conjugal", sendo a **campana**, através da qual, o agente segue o investigado de carro ou moto, observando todas as suas ações, relatando-as num dossiê, a mais eficaz.

Tomé conta que a grande maioria dos clientes procura sua firma para confirmar o adultério com o objetivo de angariar provas concretas a serem apresentadas no tribunal.

Segundo ele, em determinados casos, considerados mais complicados, há necessidade de se fazer uma escuta telefônica ou até de grampear os telefones. "Um **grampo** custa hoje, R$ 140,00 reais, enquanto a diária de uma **campana** é de R$ 70,00, se o contratante desejar apenas filmagens de indícios da traição. No caso de um flagrante,

Formação de palavras novas e sentidos novos na língua   101

a taxa sobe para no mínimo, R$ 2 mil" informa.

Outro serviço solicitado é a pesquisa pré-nupcial em que o agente contratado estuda a vida "pregressa" do investigado para evitar transtornos depois do casamento.

O detetive, estabelecido há 20 anos, diz ainda receber muitos maridos traídos em desespero que ao apresentarem os motivos de desconfiança em suas mulheres caem no choro.

"Adultério entre homossexuais é o caso mais difícil de se desvendar" observou.

(*Diário de Pernambuco*, 11.12.1994)

10. As palavras da lista a seguir não constavam dos dicionários da língua portuguesa algumas décadas atrás e podem, portanto, ser qualificadas como *neologismos*. Veja se você compreende sua forma e significação. Separe, em seguida, nessa lista, um exemplo de cada um dos processos mencionados no item "material linguístico" deste capítulo.

aparafusadeira
apê (= apartamento)
bandeide
base (cosmético)
bebemorar
beerre (= rodovia federal)
retrô (= retrógrado)
bicama
bicha
bichoso (como extravagante)
biônico
bipar
blêizer
brasiguaio
brega
brotolândia (como coletivo para jovens)
buzinaço
caipiródromo
carreata
catastrofismo
catering
celular (telefone)
chacrete
clicar
clipe
codinome
confuzebra
conga (sapato)
controle remoto (como aparelho)
cooper
curta (= filme de curta-metragem)
deletar

disque-pizza
ecografia
economês
ecoturismo
esquema
excludente
fax
franquia (no sentido de autorização para utilizar uma marca de produto)
funilaria (como carroceria de automóvel)
gatérrima
hemocentro
hemodiálise
hidropônico
informatizar
internauta
jacu (como caipira)
jogging (roupa)
kiwi
longa (= filme de longa-metragem)
malhódromo
maracutaia
marajá (no sentido que assumiu na política brasileira)
mauricinho
mestrando
metaleiro
metroviário
minimalista (em sentido diferente de menchevique)
moleton
moquifo

motel (como hotel de curta permanência para fins de sexo)
motoserra
murista
navegar (na tela de um computador)
nectarina
panelaço
pantaneiro (como gentílico do Pantanal Matogrossense)
patricinha
picape
portão eletrônico (como aparelho)
prestobarba
promoção (como venda a preços mais vantajosos)
pró-reitor
reciclável
reitorável
ressetar

retornável
roqueiro (como adepto do roque)
sentimentaloide
showmício
sushi
sushibar
tela / telinha (de televisão)
terceirizar
top (como parte superior de uma roupa feminina de duas peças)
treminhão
trio elétrico
uspiano
vale-refeição
vampiresco
viajar (delirar)
videolocadora
videopôquer

Homonímia

Objetivo

Tomar consciência da homonímia como um fator *potencial* de ambiguidade de nossos textos, um efeito que é normalmente evitado graças às informações contextuais, à escrita etc.

Caracterização geral

Palavras homônimas são aquelas que se pronunciam da mesma maneira, mas têm significados distintos e são percebidas como diferentes pelos falantes da língua. O exemplo clássico é o substantivo feminino *manga*: ora nome de uma fruta, ora nome da parte de certas peças de roupa que cobrem os braços (ou parte dos braços).

Material linguístico

Há homônimos que pertencem à mesma classe gramatical e homônimos que pertencem a classes gramaticais diferentes:
banco (de jardim) e *banco* (casa de crédito) são ambos substantivos.
passe (de ônibus) e *passe* (de um jogador a outro, no futebol) são ambos substantivos, que se opõem à forma *passe* ("*por favor, <u>passe</u> o açucareiro*"), imperativo e subjuntivo do verbo *passar*.
pia (lavatório) é um substantivo; *ele pia* (uma das tantas vozes de *piar*) é um verbo; *pia* (piedosa) é um adjetivo.

Há homônimos que se escrevem da mesma maneira e outros que se escrevem de maneiras diferentes:
cinto e *sinto*
sessão (de cinema), seção (repartição de um órgão público) e *cessão (de direitos)*
cerrado e *serrado*

Há casos em que o uso de uma palavra pela outra leva a problemas de comunicação, alguns trágicos, outros cômicos. Mas comumente o contexto elimina as possíveis dúvidas causadas pela homonímia. Assim, a frase como
O Marquinho desperdiçou o passe.

muda de sentido quando é inserida num contexto maior, por exemplo,

O Marquinho desperdiçou o passe. Subiu no ônibus errado.
O Marquinho desperdiçou o passe. Na hora de chutar, chutou uma touceira de
grama.

Além disso, a frase

As balas estão acabando.

assume sentidos diferentes se for pronunciada pelos participantes de um tiroteio ou pelo vendedor de doces que abastece a cantina da escola.

Atividade

Você encontrará a seguir algumas palavras de duplo sentido, que começam com diferentes letras do alfabeto. Procure lembrar de mais algumas palavras de duplo sentido, ao menos uma para cada letra do alfabeto.

abrigo (conjunto de moleton / albergue)
batida (bebida que mistura cachaça e suco de fruta / colisão de automóveis)
canela (parte da perna / tempero)
dado (instrumento de jogo / informação)
entrevar (tolher os movimentos / cobrir de trevas)
frango (ave / gol sofrido por incompetência do goleiro)
grama (medida de peso / relva)
humor (líquido / graça)
infante (filho dos reis de Portugal ou da Espanha / soldado de infantaria)
jato (saída impetuosa de um líquido ou de um gás / tipo de avião)
lima (fruta / ferramenta)
mangueira (tubo de borracha / árvore)
namorado (peixe / parceiro da namorada)
oração (discurso / reza)
pena (castigo / cobertura do corpo das aves)
quilo (medida / o que se forma no estômago por efeito da digestão)
rádio (osso / transmissor de ondas sonoras)
sonho (doce / o que vemos e sentimos durante o sono)
tanque (cisterna / veículo blindado)
união (característica do que é unido / peça que se usa para juntar dois canos)
vela (artefato que visa à iluminação ou à ignição / parte de uma embarcação que garante a propulsão pelo vento)
zebra (animal / acontecimento inesperado)

Você seria capaz de lembrar ou inventar algum episódio em que o duplo sentido de uma dessas palavras deu origem a algum mal-entendido?

Exercícios

1. Observe esta charge, publicada no dia 23.06.2001 na *Folha de São Paulo*. O que sugere? A partir de que problema de homonímia?

2. Estas palavras foram, em sua origem, apenas nomes de animais, mas assumiram com o tempo uma segunda significação. Descubra essa outra significação (usando o dicionário, se for o caso) e estabeleça em seguida as correlações pertinentes

foca	jornalismo
macaco	manutenção do automóvel
piranha	cabelo
papagaio	maratona
perua	tráfico de entorpecentes
macaco-jacaré	dívida
zebra	aparência
coelho	inesperado
mula	manutenção do automóvel

106 Introdução ao estudo do léxico - brincando com as palavras

3. A palavra *folha* é ambígua entre duas significações que podem facilmente ser referidas a árvore e papel. Considere agora estas palavras: *folhagem, folhetim, desfolhar, folhear, (gás) desfolhante, folharada, folheto, massa folhada, madeira folheada.* Quais delas correspondem ao primeiro sentido e quais delas ao segundo?

Faça o mesmo exercício com *bomba* (explosivo ou dispositivo que movimenta líquidos e gases, por sucção), *bombeiro, bombardear, bombear, bombardeiro, bomba de fumaça, bomba vulcânica, bomba de vácuo, bomba injetora.*

4. Escolha uma destas frases, que você tomará como título de uma pequena notícia de jornal (inventada, é claro). Escreva a história e compare em seguida com a história escrita por seus colegas. Se for o caso, explique que alternativas de sentido você descartou.

Estudantes perdem a bolsa e abandonam os estudos.
Cabo fica cinza após ficar três meses debaixo d'água.
Corredor molhado causa choque em empregada doméstica.
Arrependimento de geração que não fez direito.
Macaco esquecido dentro do porta-malas é motivo de confusão.
Quebra de rádio obriga socialite a internar-se, depois de jogo de futebol.
Um sonho mata namorado.
Garoto leva gravata do próprio irmão e vai parar no hospital.
Queda de plataforma aleija sociatite.

5. Algumas piadas exploram o uso de palavras com duplo sentido. Veja se é o caso em todas as piadas aqui transcritas:

(a)
Na festa, o secretário pede um cigarro ao presidente da empresa. O presidente comenta: "Não sabia que você fumava". "Eu fumo, mas não trago". "Pois devia trazer".

(b)
A menina, coitada, vomita sem parar no ambulatório médico.
A vizinha pergunta:
– Foi comida?
– Foi – confirma a mãe – mas vai casar.

(c)
Quando a namorada disse para o rapaz que estava cheia dele, ele perguntou: "E para quando é?"

(d)
Marido 1 – Como é que você ousa dizer palavrões na frente da minha mulher?
Marido 2 – Por quê? Era a vez dela?

(e)
O médico ao paciente:
"Esta manhã a sua tosse está bem melhor. Parabéns!"
"Pudera, passei a noite inteira ensaiando...!"

6. Um tipo de brincadeira, próximo das piadas, que explora sistematicamente a homonímia de palavras e expressões é o que começa com a pergunta "Qual é a diferença entre..." e prossegue com a resposta "Nenhuma, porque...". Leia estas "diferenças" e conte à classe outras "diferenças" que você conhece.

Qual é a diferença entre ... e ... ?

Qual a diferença entre um pastor religioso e um marceneiro? Nenhuma, porque ambos pregam.

... a panela e o exército? .... ambos têm cabo.

... o pescador e a justiça? .... ambos têm varas.

... o homem que sobrevoa o trânsito em seu helicóptero e o indivíduo fracassado? .... eles querem dar a volta por cima.

... um agricultor aposentado e uma família tradicional? .... ambos já criaram raízes.

... o encanador que sai da loja e o professor que espera os alunos no último dia de aula? .... ambos levam cano.

... uma bola e um leão morto? .... ambos são ex-feras.

... uma chimpanzé grávida e um pneu furado? .... ambos estão esperando um macaco.

... a mulher adúltera e o glaucoma? .... os dois dão na vista.

... o velhaco e a graxa de sapato estragada? .... nenhum dos dois dá no couro.

... uma casa lotérica e o açougue? .... na casa lotérica faz-se apostas; no açougue há postas.

... um coração doente e um rádio antigo? .... ambos têm válvulas.

... uma festa junina e um jogo de futebol? .... os dois têm bandeirinhas.

... um banqueiro e um aluno exemplar? .... ambos sempre acabam tendo uma nota alta.

... o ferro elétrico quebrado e o mau estudante? .... os dois não passam.

... a mulher e o espelho? .... o espelho reflete sem falar, a mulher fala sem refletir.

... um ventilador parado e um homem cansado? .... a diferença é trinta. O ventilador parado não venta, e o homem cansado se senta. Noventa menos sessenta é trinta.

7. Comente, livremente, este texto (Pedro Bloch, *Criança tem cada uma*, 1965)

Quando criança entra na fase do "por quê", o adulto se vê, muitas vezes, embaraçado! Quanto mais tenta explicar, mais complica as coisas. A criança, muito justamente, acaba desconfiando seriamente do funcionamento da cabeça adulta. Vejam esta, divulgada por uma antologia humorística europeia:

– Pai e filho passeiam em um pomar.

– Papai - pergunta o menino - que frutas são essas?

108 Introdução ao estudo do léxico - brincando com as palavras

– Ameixas pretas - explica o pai.
– Mas ameixas pretas como, papai? Se elas estão cor-de-rosa.
E o pai, sem perceber a onda de confusão que iria desencadear na mente do menino:
– Mas é lógico, meu filho! Essas ameixas pretas são cor-de-rosa... porque ainda estão verdes.

8. Uma recomendação sempre feita pelos lógicos é a de que, ao construir nossos raciocínios, não modifiquemos o sentido das palavras. O raciocínio que segue é obviamente errado, inválido, porque uma palavra mudou de sentido. Qual é essa palavra?

Coisas baratas, hoje em dia, são raras.
As coisas raras são caras.
Portanto, as coisas baratas são caras.

9. Os textos de propaganda às vezes tiram partido da homonímia para chamar a atenção dos consumidores. Talvez você se lembre de uma propaganda de chinelos, que explorava ao mesmo tempo a beleza da atriz Débora Secco e a ambiguidade da palavra *pelada*.

Na praia, um garoto pede à moça que empreste seus chinelos para fazer um gol para que ele e seus amigos possam jogar futebol (pelada). A moça recusa-se a entregar seus chinelos novos, alegando que é contra pelada em praia. O menino olha com malícia o biquíni sumário que a moça está usando e pergunta como pode ser contra peladas em praia, se está quase nua (pelada).

Tente lembrar (ou crie) uma propaganda usando o mesmo recurso linguístico. Para fazer a sua propaganda, use, se quiser, esta lista de homônimos: *Arame, avião / Barata, bateria, batida, beijinho, besta, bico, bicudo, bolsa, borracha, botão, bote, brigadeiro, brilhante / Cantar, caprichoso, careta, carta, cavalo, cólera, conta, contar, copa, cunhada, curso / Droga / Fita, folha / Galinha, galo, gato, gavião / Leão, língua, linha / Mala, malhar, manchete, manga, margarida, marmelada, maxixe, meia, milhão, mina, molho, montar / Pacote, pamonha, pão, pasta, pata, pé-de-meia, perua, pia, pilha, pinto, planta, ponteiro, porca, porco, prego, prenda, preto, privada / Ré, rabo de cavalo, rádio, rosa, rótula / Sabão, saco, salto, são, sapo, sentença, sentido, ser, sinal, sujeito / Trilha, terno, testa, tocar, turco / Vaca, verde, vir / Xarope*

10. Frequentemente, as adivinhas jogam com o duplo sentido das palavras. Veja esta e identifique as palavras, por exemplo:

Tem dente mas não come. Tem barba, mas não é homem.
[resp. o alho]

Encontre mais cinco adivinhas em que, como essa, é preciso passar por um jogo de palavras para se descobrir a resposta.

11. Muitas falsas polêmicas resultam do fato de que as pessoas tomam em sentidos diferentes as palavras em torno das quais gira a discussão. Uma pergunta do vestibular Unicamp 1997 tratava desse problema:

A revista *Isto É* publica regularmente a seção "Polêmica", que confronta duas opiniões sobre um tema atual, indicado por uma pergunta. Na edição de 13.12.1995, a pergunta "Os juros devem ficar alto" era respondida pelo economista Cláudio Contador e pelo empresário Moreira Ferreira. A julgar pelas passagens que transcrevemos a seguir, os dois debatedores entenderam a pergunta de maneiras diferentes, levados pelo duplo sentido do verbo *dever*:

Os juros devem ficar altos?

SIM	NÃO
Cláudio Contador, economista e professor da UFRJ	*Moreira Ferreira*, Presidente da Federação das Indústrias do Estado de São Paulo (Fiesp)
Os juros devem continuar altos. Não necessariamente crescentes, mas sim elevados. Os juros altos são o resultado do desequilíbrio das contas públicas. E a passividade exagerada do governo federal durante o ano de 1994 contribuiu para aumentar as despesas do setor público [...]	Entende-se claramente a necessidade de se manter rígidas as políticas fiscal e monetária nas fases iniciais de um programa de estabilização. Isso não significa, porém que se deva praticar juros tão elevados como os que se tem observado nos últimos meses. Além disso, as taxas de juro muito elevadas [...] provocam prejuízos definitivos no lado real da economia quando perduram [...]
O setor público deve continuar registrando déficit em 1996 [...] Além disso houve uma espécie de omissão – melhor dizendo, conivência – ao não controlar os gastos dos Estados e municípios. Hoje, a principal fonte do déficit está nos Estados e municípios.	[...] O nível de demanda já se contraiu excessivamente [...] e as reservas internacionais já bateram recordes [...] não se justificando portanto a manutenção dos juros nos níveis atuais.

a) Reescreva a pergunta tal como foi entendida por Cláudio Contador.
b) Reescreva a pergunta tal como foi entendida por Moreira Ferreira.
c) É possível que os dois debatedores estejam simultaneamente certos em suas respostas? Se você acredita nessa possibilidade, resuma o debate em uma única fórmula que reúna as duas opiniões, sem contradição.

Motivação icônica

Objetivo

Sensibilizar os leitores para os usos da linguagem em que a relação forma/sentido é motivada.

Caracterização geral

Todo sistema de comunicação é composto por sinais aos quais está associado um sentido. O fundamento da relação sinal/sentido pode ser:

Indicial, baseado na proximidade (a fumaça nos faz pensar em fogo, as pegadas de um animal denunciam sua passagem recente).

Icônico, baseado na semelhança (a fotografia de uma pessoa nos lembra a pessoa, a maquete de uma represa nos lembra a represa).

Arbitrário, baseado em algum tipo de convenção (a estrela de três pontas, símbolo da marca de automóveis Mercedes, nada tem a ver com as características do produto; o uso da árvore como símbolo da editora Abril também não tem nada a ver com as publicações que ela edita).

Nas línguas historicamente constituídas, entre elas o português, encontramos, em proporções diferentes, essas três situações:

São indiciais, por exemplo, os dêiticos;
É arbitrária a grande maioria das palavras e construções;
É icônica uma pequena parte do vocabulário e dos processos gramaticais.

Vamos analisar neste capítulo o terceiro caso, considerando palavras e construções gramaticais cuja forma reproduz características das realidades de que falam.

Material linguístico

As principais manifestações da motivação icônica, na linguagem, são

A onomatopeia, que geralmente busca reproduzir ritmos e timbres;
O uso da ordem no texto para indicar sequenciação dos fatos;
A maior proximidade das formas, indicando maior proximidade dos objetos ou conceitos de que se trata.

112 Introdução ao estudo do léxico - brincando com as palavras

---

Atividade

Para testar a hipótese de que a linguagem é intrinsecamente motivada (não convencional), o psicolinguista Charles Osgood, na década de 1950, fez o seguinte experimento: pediu a um grupo numeroso de sujeitos que associassem um dos dois nomes inventados TAKETE e MALUMA aos desenhos (a) e (b). Nesse experimento, a palavra TAKETE foi escolhida por conter vogais anteriores e consoantes oclusivas, e a palavra MALUMA por conter a vogal posterior *u*, e consoantes líquidas e nasais. Por sua vez, o desenho (a) comportava linhas retas e muitos ângulos; e o desenho (b) só tinha linhas curvas e perfis arredondados. As associações feitas pelas pessoas que responderam ao teste resultaram numa fortíssima polarização, o que pareceu confirmar que a linguagem é motivada. Não vamos dizer a você em que sentido se deu a polarização. Organize-se, com seus colegas, e repita o experimento.

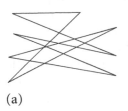   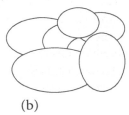

(a)   (b)

Exercícios

1. O que você vai ver abaixo é o pedaço de um mapa, no qual aparecem alguns símbolos. Determine, no mapa e nos símbolos, o que é icônico e o que é convencional.

Motivação icônica 113

2. O português do Brasil é rico em nomes de pássaros que imitam a voz do próprio pássaro: *bem-te-vi*, o *fogo-apagou* etc. Levante mais cinco nomes de pássaros com essa característica.

3. Os verbos que indicam as vozes dos animais são apontados como bons casos de onomatopeia. Levante dez desses verbos, e discuta o seguinte problema: o som da palavra representa bem a voz do animal? (um bom teste seria falar o verbo a um estrangeiro e pedir que ele adivinhe o animal – se for possível, faça esse teste; se não, tente saber como se diz a voz do animal em alguma outra língua, e compare).

4. Imitar o barulho do "trem de ferro" foi, na primeira metade do século xx, um dos desafios que muitos poetas se impuseram. Veja este poema de Manuel Bandeira, da década de 1930. Quais são os versos em que se dá a palavra ao trem? Quais os versos em que se ouve o barulho do trem?

TREM DE FERRO

Café com pão
Café com pão
Café com pão

Virge Maria que foi isso maquinista?
Agora sim
Café com pão
Agora sim
Voa, fumaça
Corre, cerca
Ai seu foguista
Bota fogo
Na fornalha
Que eu preciso
Muita força
Muita força
Muita força

Oô...
Foge, bicho
Foge, povo
Passa ponte
Passa poste
Passa pasto
Passa boi
Passa boiada
Passa galho
De ingazeira
Debruçada

No riacho
Que vontade
De cantar!

Oô...
Quando me prendero
No canaviá
Cada pé de cana
Era um oficiá
Oô...
Menina bonita
Do vestido verde
Me dá tua boca
Pra matá minha sede
Oô...
Vou mimbora vou mimbora
Não gosto daqui
Nasci no sertão
Sou de Ouricuri
Oô...

Vou depressa
Vou correndo
Vou na toda
Que só levo
Pouca gente
Pouca gente
Pouca gente...

[*Estrela da Manhã*]

114 Introdução ao estudo do léxico - brincando com as palavras

5. O português do Brasil é rico em nomes criados especialmente para imitar ritmos: *telecoteco, balacobaco, esquindô-esquindô*. No passado, quando era comum, mesmo em grandes cidades, as pessoas se reunirem no botequim da esquina para uma batucada, os batuqueiros usavam frases em português como comandos para os diferentes ritmos da percussão. Alguns desses nomes eram neutros, outros eram chulos, mas tinham uma acentuação muito definida e desempenhavam à perfeição a função de identificar um ritmo (*"Tecutuco não cutuco"*). Você conhece algum nome que permita identificar um ritmo por intermédio da distribuição dos acentos?

6. Algumas onomatopeias procuram reproduzir iconicamente sons de vozes ou ruídos confusos em que entram sons e falas. Explique como são representadas as vozes a que se faz alusão por meio das palavras *ti-ti-ti, bafafá, nhe-nhe-nhem, bla-bla-blá, zum-zum, lero-lero, plá, algaravia, algazarra*.

7. Os autores de histórias em quadrinhos criam o tempo todo palavras destinadas a reproduzir (ou evocar) sons não linguísticos. É o que acontece, por exemplo, nesta história da Turma da Mônica. Leia-a e faça um levantamento das palavras que foram usadas para indicar ruídos. Para indicar esses mesmos ruídos, você usaria essas mesmas palavras?

História em quadrinhos da *Turma da Mônica*, 02.03.2000

Motivação icônica   115

8. Um efeito icônico (ou indicial?) é obtido quando se alonga além do normal a sílaba tônica de uma palavra. Para encarecer a distância de um lugar, pode-se dizer que ele fica looooooooooooooooonge; que para chegar a esse lugar a gente aaaaaaaaaaaaaaaanda; que é inevitável chegar cansaaaaaaaaaaaaado. Nas reportagens esportivas transmitidas pelo rádio, esse efeito é explorado na pronúncia da palavra gooooooooooooooooool, e outras. Ouça a transmissão de um jogo de futebol pelo rádio e tente perceber se outras palavras, além de "gol" foram pronunciadas com alongamento.

9. Costuma-se atribuir às professoras primárias o hábito de ler as palavras destacando as sílabas, para facilitar o ditado ("o be-bê ba-ba"). Essa maneira de pronunciar recebe por vezes o nome de *"staccato"*. Pronúncias *staccato* não são, na verdade, exclusividade das professoras primárias. Imagine um pequeno diálogo que termina com as seguintes palavras:

Impossível! / IM-POS-SÍ-VEL!
Só amanhã. / SÓ A-MA-NHÃ!
Que diferença faz a leitura *staccato*?

10. O linguista Stephen Ullman, autor de escritos célebres sobre semântica, assim se expressava em 1963 sobre a onomatopeia e o simbolismo fonético:

É sabido que as palavras onomatopaicas, eventualmente convencionalizadas, mostram similaridades impressionantes em idiomas diferentes. Essas semelhanças, como dizia Schuchardt, atestam não uma conexão histórica, mas sim um "parentesco elementar". [...] Contudo, é preciso distinguir dois tipos de onomatopeias: a "primária" e a "secundária". A primária, a imitação do som pelo som, é mais simples e menos controvertida do que a secundária, que consiste em representar pelos sons experiências não acústicas como o movimento, o tamanho e certas ressonâncias. Não surpreende que, em muitos casos, o mesmo som seja percebido e transcrito de maneira semelhante em diferentes línguas. O exemplo sempre citado é o do "cuco", que tem nomes semelhantes e marcadamente onomatopaicos não só em muitas línguas indo-europeias (inglês *kuckoo*, francês *coucou*, espanhol *cuclillo*, italiano *cuculo*, romeno *cucu*, alemão *Kuckuck*, grego *kókkyx*, russo *kuukushka* etc.) mas também no húngaro (*kakuk*), [e] no finlandês (*käi*) [...].
Mais significativos e delicados são os problemas levantados pela onomatopeia secundária. Nesse tipo, a conexão entre o som e o sentido é menos evidente; mas aqui também existem amplas semelhanças entre línguas diferentes. Um exemplo célebre é o valor simbólico da vogal [i] como expressão da pequenez. Esse valor é encontrado em numerosas línguas: inglês *little, slim, thin, wee, teeny-weeny,* francês *petit*, italiano *piccolo*, romeno *mic*, latim *minor, minimus*, grego *mikrós*. A esses adjetivos podem ser acrescentados muitos nomes que denotam animais ou objetos pequenos, como, em inglês, os nomes *kid, chit, imp, slip, midge, tit, bit, chip, chink, jiffy, pin, pip, tip, whit,* e os sufixos diminutivos *-ie, -kin* e *-ling* [...]
[*Semantic universals*, in Greenberg, 1963]

Explique com suas palavras a distinção entre onomatopeia primária e secundária. Você acha que a língua portuguesa dá argumentos para a tese de que a vogal [i] indica coisas pequenas?

Nexos entre orações

Objetivo

Verificar a possibilidade de estabelecer vários tipos de nexos entre orações, para entender melhor o papel desempenhado pelas conjunções.

Caracterização geral

Os textos por meio dos quais nos comunicamos resultam, em sua maior parte, de um processo de construção em que as orações funcionam como blocos. Tradicionalmente, esse processo de construção tem sido descrito nas gramáticas pela chamada "sintaxe do período", que reconhece dois grandes mecanismos de construção – a coordenação e a subordinação. Na concepção tradicional de subordinação, distinguem-se uma oração "principal" e uma ou mais orações subordinadas; as subordinadas são então caracterizadas como termos da oração principal e são, por isso, classificadas em substantivas, adjetivas e adverbiais. Essa caracterização aponta, indiretamente, para alguns mecanismos semânticos que convém comentar.

Material linguístico

Os três mecanismos tradicionalmente reconhecidos pela gramática podem ser assim descritos:

(1) Conversão de oração em substantivo

Os antigos observaram que as estrelas se movem no céu.

[a conjunção integrante "que" atua sobre a oração "As estrelas se movem no céu" produzindo uma sequência que vale por um substantivo: "que as estrelas se movem no céu" = "o movimento das estrelas"];

(2) Conversão de oração em adjetivo

O artista que fazia o papel do dono do armazém brigou com o autor da novela.

[o pronome relativo "que" foi usado para indicar que um mesmo indivíduo fazia o papel de dono da venda e brigou com o autor da novela; "fazer o papel de dono da venda" serve para dar uma característica que permitirá identificar um ator entre outros, e assume por isso uma função de adjetivo];

Conversão de oração em adjunto

Depois que Ana Maria Braga foi para a Globo, a TV Record perdeu audiência.

[segundo a explicação tradicional, a conjunção "depois" atua sobre a "Ana Maria Braga foi para a Globo" formando um adjunto de tempo, isto é, uma expressão que fornece a referência temporal em relação à qual é localizado o momento em que a TV Record perde audiência]. Uma outra explicação consiste em dizer que a conjunção depois que fornece um molde para períodos gramaticais complexos, que dá origem a enunciados verdadeiros sempre que o preenchemos com orações que falam de fatos ocorridos numa certa ordem:

.... 1 .... **depois que** .... 2 ....

Sarney tornou-se presidente **depois que** Tancredo Neves morreu.

Neste último caso, podemos dizer que *depois* que atua sobre duas orações para estabelecer entre elas um nexo de tempo. As conjunções que funcionam como *depois* que são numerosas, e os nexos que exprimem são variados: tempo (*quando, antes que...*), causa (*porque...*), semelhança (*como...*), desenvolvimento paralelo (à *medida que...*) etc.

As mesmas conjunções que exprimem nexos entre dois *conteúdos* podem receber uma interpretação *epistêmica* (isto é, relativa ao modo como o falante chegou a convencer-se da verdade de determinados conteúdos) ou mesmo uma interpretação relativa a *atos de fala*. Compare, neste sentido, os três exemplos a seguir:

(1) A cantina da escola foi fechada porque a vigilância sanitária descobriu irregularidades.
(2) A vigilância sanitária descobriu irregularidades, porque a cantina da escola foi fechada.
(3) A vigilância sanitária descobriu irregularidades? Porque a cantina da escola foi fechada.

Atividade: as orações como peças de um raciocínio

Para contornar as complicações próprias das conjunções da língua natural, os lógicos criaram conectivos "∨" e "→", correspondentes apenas aproximativamente ao "ou" e ao "se" da língua portuguesa, e definidos da seguinte forma:
Dadas duas sentenças quaisquer A e B.
(A ∨ B) é verdadeiro quando A é verdadeira, B é verdadeira, ou A e B são ambas verdadeiras;

$(A \rightarrow B)$ é verdadeiro na hipótese de B ser verdadeira, ou de A e B serem ambas falsas.

Por meio desses conectivos os lógicos conseguem traduzir nossos raciocínios em sequências de fórmulas em que as orações são representadas por letras, como neste exemplo:

1. Se o pagamento foi efetuado em tempo hábil, a mercadoria foi mandada.
2. Se a mercadoria foi mandada, então está no pátio ou foi roubada.
3. O pagamento foi efetuado.
4. A mercadoria não está no depósito.

Logo,
   (a mercadoria foi mandada)
Logo,
   (a mercadoria está no depósito ou foi roubada)
Logo,
5. A mercadoria foi roubada

1'	$P \rightarrow M$	[tradução de 1]
2'	$M \rightarrow (D \vee R)$	[tradução de 2]
3'	P	[tradução de 3]
4'	não D	[tradução de 4]
5'	M	[por 1' + 3']
6'	$(PD \vee R)$	[por 2' + 5']
	R	[por 4' + 6']

Com base no exemplo dado, formule este raciocínio na linguagem corrente

1. $A \rightarrow V$
2. $V \rightarrow (D \vee E)$
3. não D
4. não E
5. não A

(as traduções propostas para as letras maiúsculas são:
A: o motivo da morte do prefeito foi Assalto
V: os ladrões levaram tudo aquilo que tinha Valor
D: a carteira Desapareceu
E: a carteira foi Esvaziada)

Exercícios

1. No trecho que segue, temos o que poderia ser caracterizado como uma cadeia de causas e efeitos: um fato A causa um fato B que, por sua vez causa um fato C etc. Veja quantas cadeias desse tipo são descritas no texto. Represente-as em seguida por meio de um gráfico,

distinguindo claramente os fatos e os nexos de causa:

ABASTECIMENTO
120 mil moradores de Sumaré devem ficar sem água hoje por quatro horas.

Cerca de 120 mil pessoas vão ficar sem água hoje em Sumaré (26 km de Campinas), devido à interrupção do abastecimento da ETA (Estação de Tratamento de Água) por quatro horas. A suspensão ocorrerá por causa do corte de energia que será feita pela CPFL (Companhia Paulista de Força e Luz). No final da semana passada, 120 mil moradores da cidade também ficaram sem água devido à seca e ao excesso de Poluição. Isso provocou a interrupção da captação do rio Atibaia, que abastece 50% da cidade.
Ontem, o Grupo Técnico de Monitoramento Hidrológico informou que a região corre risco de enfrentar uma crise de abastecimento nos próximos meses. Os técnicos dizem que a região enfrenta a pior estiagem do século e começam a adotar medidas para conscientizar a população para economizar água.

[FSP, 13.5.2000]

2. A conjunção *se* é, por excelência, o recurso por meio do qual introduzimos hipóteses e falamos de eventualidades em nossos textos. Nessa função, o *se* tem muitos concorrentes. Identifique os principais deles no texto abaixo [que foi transcrito sem correções]:

Nexos entre orações 121

CERTIFICADO DE GARANTIA

Este aparelho tem sua qualidade assegurada pelo fabricante contra eventuais defeitos de fabricação que porventura possam ocorrer durante o período de 1 ano: contados à partir da data de emissão da Nota Fiscal de Venda ao consumidor. A responsabilidade do fabricante limita-se à substituir gratuitamente as peças defeituosas do produto, desde que a falha ocorra em condições normais de uso.

Esta garantia fica automaticamente cancelada se:

• O aparelho sofrer algum dano causado por queda acidental ou mal uso.
• For ligado em rede elétrica inadequada
• O pino terra do cabo de força for retirado
• A potência de consumo for maior que a especificada pelo fabricante
• Ocorrerem descargas elétricas, raios ou fenômenos naturais, que superem a proteção e/ou isolação oferecida pelo produto
• Houver tentativa de reparo por pessoal não autorizado.

• Importante: Não nos responsabilizamos por equipamentos ligados ao nosso produto. Cabe ao proprietário comprovar que o mesmo encontra-se dentro do período de garantia, mediante a apresentação deste Certificado preenchido e da Nota Fiscal recebida no ato da compra. Esta garantia não cobre despesas e riscos com transporte do produto em caso de remessa para manutenção. Na eventualidade de um possível defeito, este aparelho deverá ser enviado diretamente ao nosso Departamento de Assistência Técnica ou à um de nossos Postos Autorizados de Serviços. Em caso de dúvida, entre em contato conosco, e teremos prazer em orientá-lo.

Fergalplast Ind. Com. Ltda. Vendas e Assistência Técnica Tel / Fax (0xx11)418.78
[Termo de garantia encontrado na embalagem dos filtros de linha Clone]

---

3. Observe que, na penúltima ressalva do termo de garantia apresentado no exercício 2, foi utilizado um duplo conectivo: *e/ou*. Que vantagens ele apresenta em relação ao conectivo mais comum, e?

4. Suponha que, quatro meses após a aquisição, o filtro de linha coberto pela garantia expressa no texto da questão 2, apresenta defeito e provoca um incêndio, destruindo uma cadeira de balanço que estava no mesmo local. A seu ver, o comprador tem direito a indenização?

5. Um equívoco que todos nós corremos o risco de cometer consiste em entender que um determinado fato, ocorrido depois de outro, foi causado por este (é o que os antigos chamavam de equívoco do "post hoc ergo propter hoc"). Em sua opinião, as duas notícias que seguem distinguem com o cuidado que se recomendaria *os fatos que precederam* a morte das crianças, e as prováveis *causas* das mortes? Justifique sua resposta.

TRAGÉDIA

Menino morre após comer chocolate

da *Folha Ribeirão*

O menino J.B.V., 9, morreu na madrugada de ontem, em Bonfim Paulista, distrito de Ribeirão Preto, depois de ter ingerido dois ovos de Páscoa.

De acordo com a Polícia Militar, a família do menino confirmou que ele tinha ido dormir logo depois de ter comido os ovos de chocolate que havia ganhado na Páscoa.

A necrópsia indicou quatro causas para a morte do menino.

Segundo o boletim do Hospital das Clínicas de Ribeirão, J.B. morreu por causa de edema cerebral, insuficiência respiratória, broncoaspiração alimentar e gastrite aguda.

A ingestão excessiva do chocolate provocou uma crise em J.B.V. durante o sono.

Digestão

O alimento não havia sido digerido totalmente, e o menino se engasgou com pedaços de chocolate que interromperam a entrada de ar para os pulmões.

Ele acabou se afogando com o próprio vômito. Socorrido pelos seus familiares, o menino foi levado para ser atendido na unidade de emergência do HC.

De acordo com o setor de informações do hospital, a vítima morreu por volta das 7,30 de ontem. O corpo de J.B.V. foi enterrado pela manhã.

[*FSP*, 26.04.2000]

INFÂNCIA: Pai deveria levar menina para a escola, mas a deixou trancada por 4 horas; ele alegou ter-se esquecido da filha.

Criança morre asfixiada dentro de carro

ALESSANDRO BONASSOLI
Enviado especial a Franca
MARCELO TOLEDO
da *Folha Ribeirão*

A menina Gabriele Duarte Perez, de 1 ano e 5 meses, morreu asfixiada anteontem em Franca (401 km a norte de SP), depois de ter sido esquecida pelo pai por mais de quatro horas dentro de um carro.

A criança foi encontrada às 17h30, quando seu pai – o auditor da receita federal Rogério Duarte Perez, 30 – saiu do trabalho. Socorrida, Gabriele chegou a ser levada para a Santa Casa de Franca, mas não resistiu.

Segundo o legista Francisco Garcia (Instituto Médico Legal), a causa da morte foi asfixia mecânica por obstrução das vias respiratórias por alimento. A criança pode ter vomitado e, com isso, acabou se asfixiando. O calor dentro do carro também pode ter contribuído, de acordo com o legista. [...]

Para psicólogos, o esquecimento pode ter sido motivado pelo estresse ou por algum problema grave que ele enfrentava no trabalho.

[...] Um primo da família, que se identificou apenas como Reginaldo, garantiu que Perez sempre foi um pai atencioso. "Ele estava negociando a troca do apartamento onde moram por uma casa para ter mais espaço para a menina. O que é decidido por Deus acontece" disse ele.

[*FSP*, 01.06.2000]

6. A conjunção "e", tal como é usada, por exemplo, em matemática, forma enunciados em que a ordem dos fatores não conta: se "A e B" for verdadeiro, "B e A" também o será. Na linguagem corrente, nem sempre a reversão é possível. Examine usos feitos da conjunção "e" nas manchetes abaixo, e decida quais são os casos em que "a ordem dos fatores altera o produto". Nesses casos, tente explicar por quê.

Escolha a emissora e curta o Carnaval
(*FSP*, 26.2.2000)

Vôlei: Suzano continua surpreendendo e vence mais uma
(*OESP*, 14.2.2000)

Petróleo dispara e cotação é a maior em 9 anos
(*OESP*, 12.2.2000)

Ladrão rouba farmácia e leva Viagra
(*Jornal de Jundiaí*, 18.2.2000)

Embraer dobra receita e triplica lucro
(*FSP*, 30.3.2000)

Empresas superam dívidas de 99 e iniciam recuperação
(*OESP*, 20.3.2000)

Marido ataca mulher a facadas e é quase linchado
(*OESP*, 26.2.2000)

7. As conjunções "mas" e "embora" permitem ao falante realizar uma manobra argumentativa em que, ao mesmo tempo que admite a verdade de uma determinada afirmação, se recusa a tirar disso as consequências que o interlocutor provavelmente tiraria. Leia o texto a seguir. Procure estabelecer que conclusões o autor descarta, pelo uso de *mas* e *porém*.

TUDO QUE É SÓLIDO...
MELCHIADES FILHO

Bastou um ano de aposentadoria para que aparecessem rachaduras na imagem que Michael Jordan, 37, solidificou dentro e fora das quadras. [...] Ao abandonar o esporte, o craque usou um discurso à Pelé ("quero sair por cima"). Há um mês, *porém*, ele teve que reconhecer que, devido a uma contusão, não poderia reproduzir suas mágicas atuações. Anunciado em fevereiro de 1999

124 Introdução ao estudo do léxico - brincando com as palavras

como "um pequeno corte", um curativo escondia, na verdade, o rompimento de um tendão, sequela de um acidente com uma guilhotina de charutos. Destro, Jordan não consegue mais segurar a bola de basquete com a mão direita.

Jordan ironizou os contemporâneos Magic Johnson e Larry Bird, que "caíram na armadilha" e viraram treinadores ao se aposentar. O astro do Chicago prometeu manter distância do esporte [...] *mas*, em menos de seis meses, entabulou conversas para adquirir um time. Negociou com o Charlotte, e fechou com o Washington...

8. Um modo prático de distinguir quando as conjunções encadeiam conteúdos e quando estabelecem um nexo entre raciocínios do falante ou atos de fala consiste em inserir, nos lugares apropriados, verbos como "concluo", "pergunto", "responda", "diga", "fique sabendo que". Veja como isto funciona, nos exemplos a seguir:

(a) Já que você é tão sabido, quem matou PC Farias?
(b) Se você está com fome, tem presunto na geladeira.
(c) Já que ele se aposentou, vai ter muito tempo para cuidar de passarinhos.
(d) Já que você foi ao casamento, de que cor era o vestido da noiva?
(e) Se você é formado em anglo-germânicas, por que não sabe uma palavra de inglês?
(f) Já que você é a favor de financiar o carnaval com dinheiro público, de onde vem o dinheiro público?
(g) Como é que você se chama?
João. Por quê?
(h) Os ladrões devem ter entrado na casa depois que choveu, porque deixaram marcas de barro na parede.
(i) Os ladrões devem ter entrado na casa depois que começou a chover porque contavam com o barulho da chuva para não ser ouvidos.
(j) Os ladrões devem ter entrado na casa depois que começou a chover, porque ninguém ouviu barulho enquanto o roubo aconteceu.

9. Uma receita para o ensino de redação que foi utilizada com algum sucesso no passado consistia em fazer com que o aluno levantasse elementos sobre o tema a partir de um quadro convencional, tomado como referência. Aplicada pelo gramático e professor Júlio Nogueira (*A linguagem usual e a composição*, p. 269) ao tema "Uma cena de rua", essa metodologia da redação resulta, antes de mais nada, no seguinte levantamento:

O lugar: o Largo do Machado. Hora de grande movimento, pelo que se alude à passagem amiudada de bondes que se destinam ao centro ou de lá se dirigem aos pontos extremos das diferentes linhas da Zona Sul. A impressão penosa que nos dão os veículos, pejados de gente até pelos estribos.

As personagens da cena: duas mulheres do povo, que se acham no refúgio, à espera de determinado bonde.

A cena: chega o veículo. Não há dois lugares vagos no mesmo banco; indecisão de ambas; uma sobe finalmente ao estribo; o bonde parte; surpresa e perturbação desta; quer descer porque vê que a companheira ficou, mas receia cair; notando um agulheiro que se acha pouco adiante, perto da linha, ao passar, deixa o balaústre e abraça-se com o homem, rolando os dois pelo chão.

As consequências: a revolta do homem, o riso de todos que assistiram à cena; os comentários, a curiosidade dos que não viram o que se passou, a surpresa dos passageiros de outros carros que chegam ao ver tanta gente rir gostosamente; a discussão entre as duas mulheres, atribuindo-se reciprocamente a culpa pelo que aconteceu etc.

Como seria de esperar num levantamento preliminar, quase "telegráfico", os momentos sucessivos dessa rápida cena são expressos de preferência por substantivos, em vez de orações completas. Tente transformar os elementos anotados por Júlio Nogueira numa narrativa típica. Em seguida, compare sua versão com as dos colegas de classe, dando especial atenção ao modo como foram tratadas as conexões entre as orações.

10. Procure determinar se as conjunções destacadas nos exemplos a seguir relacionam conteúdos, ou justificam uma fala.

Se você estiver com fome, tem cerveja na geladeira.
Se isto te diverte, vou contar uma piada.
Há comida na geladeira, *se* você quiser.
Se estão planejando se casar, então estão procurando apartamento.
Se estão procurando apartamento, então estão querendo se casar.
Se era ruim sem ele, com ele foi ainda pior.
Este jantar que eu organizei foi um sucesso, *se* não for muito convencimento eu falar uma coisa dessas.

Resposta:

(1) Se o motivo do crime em que morreu o prefeito foi assalto, então os ladrões levaram tudo aquilo que tinha valor (2) Se os ladrões levaram tudo que tinha valor, então a carteira do prefeito desapareceu ou foi esvaziada; (3) [Ora,] a carteira não desapareceu (4) nem foi esvaziada, logo, (5) o motivo do crime em que morreu o prefeito não foi assalto.

Números

Objetivo

Explorar os usos das palavras e construções que envolvem a noção de número.

Caracterização geral

No dia a dia, realizamos operações – medir objetos, contar os elementos de uma coleção, correlacionar grandezas etc. – que são grandemente facilitadas pelo recurso aos números ou dependem de seu uso. A língua dispõe de várias construções que expressam, convencionalmente, essas operações que recorrem aos números.

Material linguístico

Considerando os numerais, sobretudo do ponto de vista de sua forma e sintaxe, a gramática tradicional distingue os cardinais (*um, dois, três...*), os ordinais (*primeiro, segundo, terceiro...*) os multiplicativos (*duplo, triplo, quádruplo...*) e os fracionários (*um meio, um terço, um quarto...*). De um ponto de vista semântico, interessa lembrar que essas diferentes subclasses de numerais permitem realizar operações de tipos diferentes: os cardinais informam sobre o número de elementos de que se compõe uma coleção de objetos; os ordinais permitem identificar objetos por sua localização numa sequência; os multiplicativos e fracionários definem grandezas correlativamente a outras, como resultado de uma operação aritmética.

Historicamente, alguns antigos numerais forneceram material para a formação de sufixos e palavras, em que a ideia de número ainda pode ser precebida: assim, reconhecemos uma ideia de número em palavras como tetracampeão ou milionário.

Atividade

Discuta com seus colegas e com seu professor a seguinte observação do escritor português José Saramago:

"Hoje em dia os nomes já não possuem significado. O que importa são os números: o número da conta, da identidade, do passaporte. São eles que contam."

128 Introdução ao estudo do léxico - brincando com as palavras

Exercícios

1. Em um sentido muito geral da comparação, os algarismos estão para o sistema dos números assim como as letras do alfabeto estão para as palavras: são basicamente um recurso de representação. Graças às suas formas simples, e ao fato de serem bastante conhecidos, os algarismos e as letras são tomados às vezes como referência para descrever objetos e movimentos.

(a) O que se pretende, quando se pede a um bêbado que faça um quatro?
(b) O que significa, dizer que a estrada faz um "S"?
(c) Por que "69"?
(d) O que quer dizer Ziguezaguear?
(e) Em que sentido se pode dizer que a caixa de câmbio dos automóveis é um H?
(f) O que você acha da associação que se faz entre o número 22 e o desenho de dois patinhos nágua?

2. As frases feitas que contêm alguma referência a numerais são bastante frequentes em português. Pense o que significam e como podem ter surgido as expressões que seguem

Quinta coluna
Quarta proporcional
Undécima hora
Quintos do inferno
Pintar o sete
Bater com as dez
Estar a mil
Paletó de sete varas
Como dois e dois são cinco
Como um dois de paus
A três por dois
Ser um zero à esquerda

3. Como o nome indica, os coletivos representam uma "coleção" (de objetos, pessoas, animais...). Às vezes, o coletivo informa o tipo de indivíduos que compõem a coleção ("matilha" é coletivo para cães ou lobos, mas não para borboletas; "congregação" é coletivo para professores de uma escola ou para religiosos, mas não para antas); outras vezes, os coletivos informam o número exato de indivíduos que compõem a coleção, "dúzia" por exemplo se refere sempre a uma coleção de doze objetos. A seguir, você encontrará uma lista de coletivos. Aponte aqueles que apresentam uma indicação numérica; para cada um destes, dê exemplos de objetos a que se aplicariam:

(dúzia = doze objetos iguais, por exemplo, doze ovos)

frota, quinzena, bando, grosa, vintena, semana, punhado, vara, par, trinca, matilha, parelha, século, década, semestre, novena, revoada, cardume, resma.

4. Ao contrário do que se pensa, os números são frequentemente usados para qualificar objetos, como acontece nas frases abaixo:

Revólver 38
Gol 1000, Fusca 1300
Ouro 18
Álcool 90
Carro zero
Máquina zero (no cabeleireiro, depois do vestibular)
Professor três (em São Paulo)
Carro 4x4 .....

Explique o que significa o número em cada uma das frases acima (ex. "38 é o *calibre* da arma: calibre é...; 1300 é a *cilindrada* do motor do carro: cilindrada é... etc.").

5. As unidades de medida mais usadas no mundo para indicar o tamanho, o peso e a capacidade são hoje o metro, o grama e o litro, adotadas inicialmente como parte de um programa de racionalização lançado no final do século XVIII pela Revolução Francesa. No Brasil, esse sistema de medidas convive com outros, procedentes de outras culturas ou criados pela prática, o que por vezes obriga a fazer conversões mais ou menos complicadas. Faça as conversões necessárias, e decida:

• João bebeu quatro garrafas de cerveja e diz que bebeu mais de um galão, que é a média diária dos bebedores da Oktoberfest de Blumenau. Quem bebeu mais?
• A chácara do José tem um alqueire (paulista). A praça da matriz tem 18.000 metros. Qual das duas áreas é maior?
• Na construção do portão de sua casa, o ferreiro usou chapas de ferro de dois centímetros. As grades da escola foram feitas com chapa de uma polegada. Qual das duas chapas é a mais larga?
• No estádio do Morumbi, a marca de pênalti fica a 11 jardas da linha de gol. No campo da escola, a marca de pênalti fica a 9 metros da linha de gol. Qual das duas distâncias é maior?
• O frigorífico ficou de entregar ao açougueiro 30 arrobas de carne por semana; esta semana chegaram exatamente 700 quilos. O frigorífico ficou devendo?

130 Introdução ao estudo do léxico - brincando com as palavras

• A receita que a avó usava para essa massa manda usar duas onças de manteiga. Mas você usou 60 gramas. Você pôs manteiga a mais ou a menos?
• Você sabe que as paredes de sua casa aguentam um telhado de quatro toneladas, no máximo. Calcula o peso do madeiramento e das telhas escolhidos, considera o encharcamento das telhas provocado pela chuva e chega a 2800 quilos. As paredes vão aguentar?

6. Os termos que indicavam números em grego antigo e em latim continuam fornecendo material para a formação de palavras em todas as línguas ocidentais. Em português do Brasil, encontramos hoje formações como:

campeão, *bi*campeão, *tri*campeão, *tetra*campeão, *penta*campeão...
[ligação elétrica] *mono*fásica, *bi*fásica, *tri*fásica
Em sua opinião, os antigos numerais estão presentes nestas outras formações?
cama, *bi*cama
cama, (cama) beliche, triliche – chassis monobloco, acabamento monocromático – indivíduo tetraplégico
caminhão, reboque, treminhão

7. Em sua origem, as palavras listadas abaixo eram numerais, mas a ideia de número se perdeu, prevalecendo as significações indicadas.

Prima (a corda que emite o som mais agudo em certos instrumentos de corda, como o violino, a guitarra etc.)
Terço (reza)
Quarto (aposento)
Quinta (prédio rústico)
Sesta (descanso depois do almoço)
Oitava (intervalo entre notas musicais)
Dízimo (contribuição)
Duodeno (parte superior do intestino delgado)
Quaresma (período do calendário litúrgico cristão, que precede a Páscoa)
Quarentena (período de isolamento de animais ou pessoas suspeitos de serem portadores de doença contagiosa)

Explique a mudança de sentido ocorrida, recorrendo, se for o caso, a um dicionário etimológico.

8. No dia a dia, usamos corriqueiramente alguns sistemas de medida que nos ajudam a resolver problemas práticos de vários tipos. Diga como se chama, e tente explicar (para um marciano ou para um índio) como funciona:

O sistema de localização no tempo cujas unidades são o dia, o mês e o ano.
O sistema de medidas que usamos para os sapatos e as roupas.
O sistema de medida pelo qual se mede o consumo de energia elétrica de uma casa.
Aproveite para explicar por que existe mais que um calendário e por que a numeração das roupas mudou nos últimos anos.

9. Ao longo de sua experiência escolar, você já deve ter ouvido falar de complemento nominal. Talvez não tenha observado, mas há casos em que o complemento nominal é obrigatoriamente uma expressão numérica. Faça uma frase com cada uma das expressões abaixo e, em seguida, explique sua frase.

Um pé direito de...	Uma profundidade de...
Um vão livre de...	Um limite (no cartão de crédito ou no cheque especial) de...
Juros bancários de...	
Um prazo de...	Uma lambujem de...

10. Alguns jogos infantis baseiam-se em cantilenas nas quais se cita uma sequência de numerais ("Um, dois, feijão com arroz", "Sete e sete são catorze" etc.) Você seria capaz de recordar e recitar inteira uma dessas cantilenas? Você se lembra ainda para que fim era usada (brincadeira de roda, distribuição de papéis inerentes a algum jogo etc.)?

11. Leia o *Jornalzinho nota zero* que segue. Faça em seguida a reflexão proposta:

Um jornal pequeno
mas espaçoso

Jornalzinho nota zero
Edição especial

Polícia tem 30% dos carros parados em Campinas
Frota antiga e falta de manutenção deixam carros sucateados; cidade também registra déficit de policiais

PATRÍCIA ARICÓ

Da Reportagem Local

Cerca de 30% dos carros da frota das polícias Civil e Militar de Campinas estão parados por falta de manutenção. Isso prejudica o policiamento ostensivo e é um dos motivos do aumento da criminaliade, na cidade, segundo o comandante do 26º BMPI (Batalhão da Polícia Militar do Interior), tenente-coronel José Carlos Carreiras, 46. O déficit no número de policiais civis e militares na cidade também é de 30%, segundo as duas corporações. A Polícia Civil tem uma frota de 72 carros. Se forem incluídos os que estão em mau estado aos que não servem, sobe para 75% os veículos sem condições de uso. A PM (Polícia Militar), que tem 160 carros, não informou quantos estão em mau estado (*FSP*, 23.08.1996)

Oito são mortos em duas chacinas em SP
da Reportagem Local

Oito pessoas foram mortas e quatro ficaram feridas em duas chacinas ocorridas entre anteontem e ontem na cidade de São Paulo. Ninguém havia sido preso pelos crimes ocorridos nas zonas oeste e leste até as 18h de ontem. Com elas, a Grande São Paulo já registra 46 chacinas em 1996. No mesmo período do ano passado, a região registrou 48 crimes.

Casados morrem menos que solteiros
Levantamento mostra que estado civil influencia na taxa de mortalidade de ambos os sexos em SP
Da Reportagem Local

O casamento pode ser o melhor remédio para paulistanos e paulistanas prolongarem suas vidas. Levantamento inédito feito a pedido da Folha mostra que a mortalidade dos solteiros pode ser até dez vezes maior do que a dos casados da mesma idade, em São Paulo. Os solteiros morrem mais porque se expõem com maior frequência a situações de risco. Passando muito tempo fora de casa, estão mais sujeitos a mortes violentas, explica o médico Marcos Drumond, do Proaim [...]

Risco para as solteiras. As casadas de 20 a 29 anos têm chance de morrer cinco vezes menor do que as solteiras da mesma idade. Nessa faixa, os casados correm quatro vezes menos riscos do que os solteiros. A principal razão disso é que as chamadas mortes violentas – antes características dos homens – também passaram a ter uma grande incidência entre as mulheres. [...] No ano passado, 85 paulistanas solteiras de 20 a 29 anos foram assassinadas. Apesar de serem maioria nessa idade (54% a 39%), menos casadas foram mortas: 17. [FSP, 30.11.1996]

Ossada não pertence à dentista Alba

O Departamento de Medicina Legal da Unicamp divulgou ontem que não é da dentista A.L.P.F. a ossada encontrada há duas semanas, próximo ao local onde ela foi supostamente assassinada, em 1987. Segundo o médico Fortunato Badan Palhares, até o momento já foram analisadas 15 ossadas que a polícia suspeitava pertencer à dentista [...] O médico legista descartou ainda a *possibilidade de outros dois cadáveres, encontrados em Paulínia e Hortolândia, pertencerem à dentista.* Ele disse que até o momento foram analisados 15 cadáveres suspeitos. [*Diário do Povo*, 10.8.1994]

Governo só usa 29% das verbas contra a seca

O governo gastou apenas 29% da verba disponível para obras contra a seca 60 dias após a decretação do estado de calamidade em oito estados do Nordeste e municípios do norte de Minas e do Espírito Santo [...]
[*FSP*, 31.8.1998]

No *Jornalzinho*, foram assinalados alguns títulos que mostram como é difícil dar informações por meio de números, ou fazendo generalizações de caráter numérico. Procure explicar o que há de estranho com as manchetes e as passagens grifadas, comparando-as, se houver necessidade, com as frases seguintes:

1. 30% dos carros sem condições de uso, em Campinas, pertencem à polícia.
2. 30% dos carros da polícia, em Campinas, estão sem condições de uso.
3. JCC morreu. Se fosse solteiro, teria vivido mais.
4. JCC morreu. Se fosse solteiro, teria morrido menos.
5. JCC morreu muito, por ser solteiro.
6. JCC foi morto em dois tiroteios.
7. As duas malas encontradas eram da dentista Alba.
8. Os dois cadáveres encontrados eram da dentista Alba.
9. Das verbas destinadas à seca, só foram gastos 29%.
10. Só 29% das verbas foram gastos contra a seca.

As palavras-pro

Objetivo

Verificar o que há de aproveitável e o que há de errado na ideia tradicional de que os pronomes "substituem" o nome.

Caracterização geral

A mais conhecida definição dos pronomes os apresenta como um recurso de economia, ou talvez "de preguiça": o pronome seria um recurso útil para evitar as repetições do nome que tornam pesado um texto. Este é apenas um dos empregos dos pronomes e não é exclusivo deles.

Material linguístico

A propósito da ideia tradicional de que o pronome seria "a palavra que substitui o nome", convém lembrar que:

Outras palavras e expressões, além dos pronomes, funcionam como substitutos: é o caso de expressões como *também, fazer o mesmo, assim.*

O João pediu as contas, e eu também (= pedi as contas).
Tem gente que gosta da cerveja estupidamente gelada, mas eu não gosto assim (= estupidamente gelada).

Certos pronomes:

Identificam os participantes do ato de fala:

eu = quem fala
tu / você = a quem se fala
ele = de quem se fala

Funcionam como as variáveis da matemática

Todo jogador desta equipe é patrocinado por uma loja da cidade que paga as despesas dele (pense o seguinte: o antecedente de dele é "todo jogador", mas cada um tem a sua loja patrocinadora, não há uma única loja que paga as despesas de "todo jogador").

136 Introdução ao estudo do léxico - brincando com as palavras

---

Atividades

• Este diálogo foi extraído de um livro de Mary Louise Gilman que é uma antologia de trechos transcritos de atas de tribunais americanos: discuta o que há de errado com ele.

- Quantas vezes o senhor cometeu suicídio?
- Quatro vezes.

• Remonta à filosofia grega esta história, que encerra um paradoxo: um estrangeiro que chegou pelo mar diz *"Eu sou cretense, e todo cretense é mentiroso"*. Comente livremente essa fala do estrangeiro; tente lembrar de outros paradoxos semelhantes.

Exercícios

1. No Brasil, dizemos: *"Comprei uma revista e li de ponta a ponta várias vezes"*, *"Procurei o mapa, mas não encontrei"*, e todos entendem que li a revista e não encontrei o mapa. Aos ouvidos dos portugueses, essas frases soam incompletas e provocam as perguntas *"O que foi que o amigo leu?"*, *"O que foi que o amigo não encontrou?"*. É que no português europeu é obrigatório o uso do pronome-objeto: *"Comprei uma revista e li-a de ponta a ponta"*; *"procurei o mapa rodoviário, mas não o encontrei"* etc. Suponha que você vai participar de um concurso de receitas culinárias promovido por uma revista de Portugal. A receita que você tem foi escrita para brasileiros, mas, para aumentar suas chances, você vai atribuir um objeto direto aos verbos transitivos (possivelmente, um pronome átono):

Cebolas recheadas (para 4 pessoas)

1 colher de sopa (8 g.) de manteiga; 200 g. de carne de vaca moída (patinho); 4 cebolas grandes (cerca de 1 kg); água; sal a gosto; 3/4 de xícara de queijo parmesão ralado; 1 ovo ligeiramente batido, pimenta-do-reino a gosto; pedacinhos de manteiga; 2 colheres de sopa (30 ml) de graspa (grappa*); manteiga para untar.

1ª etapa – Numa frigideira, coloque a manteiga, leve ao fogo brando e deixe derreter. Junte a carne moída e frite, mexendo com uma colher de pau por 10 minutos até dourar. Retire do fogo e reserve.

2ª etapa – Descasque as cebolas, coloque-as inteiras numa panela, cubra com água, tempere com sal a gosto, leve ao fogo, deixe abrir fervura e cozinhe por cerca de 15 minutos. Retire do fogo, escorra e deixe esfriar. Com uma faquinha afiada, corte

As palavras-pro 137

horizontalmente o topo de cada cebola. Cave as cebolas cuidadosamente, primeiro com uma faca e depois com uma colherinha, para formar uma cavidade arredondada no centro de cada uma. Reserve.

3ª etapa – Pré-aqueça o forno em temperatura alta (220°). Pique bem a polpa cavada das cebolas, junte à carne moída e misture. Acrescente o queijo parmesão ralado, o ovo batido e a pimenta-do-reino a gosto, e mexa vigorosamente com uma colher de pau até obter uma mistura homogênea. Recheie as cebolas com a mistura de carne, comprimindo levemente e formando um montinho no topo de cada uma. Por cima, coloque um pedacinho de manteiga e respingue com a graspa.

4ª etapa – Unte com manteiga uma panela de fundo reforçado, coloque as cebolas lado a lado, cubra com um papel de alumínio, leve ao forno pré-aquecido e asse por 50 minutos. Retire o papel de alumínio e continue a assar por mais 10 minutos, somente para dourar. Retire do forno e passe para um prato de servir.

* aguardente de uva
[Fonte da receita: *Marie Claire*, junho de 1991]

2. Redija, com a colaboração com seus colegas, o regulamento de um jogo simples, desses que se jogam tipicamente em lugar aberto (esconde-esconde, taco, queimada etc.). Uma vez redigido o regulamento, observe quantas vezes você usou os pronomes e tente estabelecer se esses pronomes identificam um determinado jogador ou qualquer jogador que esteja numa determinada situação prevista pelo próprio regulamento.

3. Diga o que significam, no contexto, as sequências destacadas; avalie quais dessas sequências seriam substituídas com vantagem por um pronome pessoal.

[...] processava-se uma incrível reviravolta em Portugal. Como que esquecida do seu fervor pelas coisas da ciência e da técnica, da sua sede de expansão territorial e econômica, a sociedade lusitana optava pelo imediatismo e reação, simbolizados pelo mercantilismo e inquisição. Dali em diante, pouco espaço restaria em Portugal para a pesquisa científica e o espírito de inquirição técnica.

Basta lembrar o que aconteceu com a tecnologia de navegação [...]. O mais famoso estaleiro de reparos (Ribeira das Naus, como se dizia), no período colonial, foi o de Salvador. Mas *estas instalações* não progrediram nem se multiplicaram. Não se permitia que barcos de grande calado fossem projetados aqui. E mesmo Portugal perdia cada vez mais sua competência *nesse ofício*, visível até na diminuição de seus profissionais *na área*.

Outras leis draconianas dificultavam ao máximo a construção naval na colônia, e *esta* nunca passou de uma mera promessa. Se a situação estava ruim na metrópole, seria muito pior na sua colônia, a pobre Província de Santa Cruz, onde nem sequer se permitiu a instalação da imprensa.

De forma contraditória, o Brasil ia ganhando um lugar de destaque no cenário econômico do reino português, à medida que o comércio das especiarias perdia sua importância. [...]

Ao mesmo tempo, a cultura de cana-de-açúcar começava a se firmar como a mais rentável das atividades econômicas. Estima-se em 300 milhões de libras o valor da produção brasileira *desse produto*, durante os três séculos do jugo lusitano. *Esse valor* supera em muito o da mineração, que parece não ter atingido a casa de 200 milhões de libras. Para assegurar o seu domínio, o governo português não hesitou em impor uma política obscurantista à sua maior colônia. Por outro lado, a grande lavoura canavieira, baseada no trabalho escravo, com suas casas-grandes e senzalas, estimulou ainda mais *esse tipo de cultura retórica e literária*, afastada de lides produtivas.

Com esse *pano de fundo*, compreende-se por que quase não existiu investigação científica e inovação técnica aqui, no século XVII, e em boa parte do XVIII. *Isso* seria realizado por estrangeiros, sobretudo holandeses e franceses, que chegaram no Brasil *nessa época*. O caso do curto domínio dos holandeses, no nordeste seiscentista; destaca-se pela sua singularidade. O governador holandês, Príncipe Maurício de Nassau (1637-1644), implementou uma política cultural avançada, fundando, em Recife, imprensa, museus, bibliotecas e o primeiro observatório astronômico do país, estimulando a ação de alguns cientistas, arquitetos e pintores da *sua* corte [...]

[Shozo Motoyama e outros, "Das canoas aos raios cósmicos". *Fapesp Pesquisa*, Suplemento especial 500 anos de ciência e tecnologia no Brasil, São Paulo: Fapesp, 2000, pp. 3-4]

4. Muitas piadas tiram sua graça do fato de ter uma personagem escolhido mal entre duas interpretações possíveis de um pronome. Quais, dentre as piadas transcritas a seguir utilizam esse recurso?

(1) Indivíduo A – Não deixe sua cadela entrar em minha casa. Ela está cheia de pulgas.
Indivíduo B – Diana, não entre nessa casa. Ela está cheia de pulgas.

(2) O sujeito chega à cidadezinha do interior e, faminto, entra no único restaurante do lugar.

- Almoço? – rosna o garçom.
- Claro, Claro! – responde o visitante, e arrisca:
- Quais as opções?
- Sim ou não, responde o garçom.

(3) O sujeito chega na firma e pede um emprego. O gerente do departamento pessoal pergunta:
- Qual é o cargo que o senhor pretende?
- De presidente da empresa.
- O senhor é louco?
- E precisa?

5. No dia 26 de abril de 2000, durante uma das cerimônias religiosas comemorativas dos 500 anos do "descobrimento" do Brasil, o índio pataxó Metalaué, acompanhado de um grupo de índios que portavam faixas pretas em sinal de luto, subiu ao púlpito onde estavam o presidente da Conferência Nacional dos Bispos do Brasil (CNBB) e o secretário de estado do Vaticano e pronunciou este discurso – não previsto pelos organizadores da cerimônia:

"Hoje é esse dia que podia ser um dia de alegria para todos nós. Vocês estão dentro da nossa casa. Estão dentro daquilo que é o coração de nosso povo, que é a terra, onde todos vocês estão pisando. Isso é a nossa terra.

Onde vocês estão pisando vocês têm que ter respeito porque essa terra pertence a nós. Vocês, quando chegaram aqui, essa terra já era nossa. O que vocês fazem com a gente? Nossos povos têm muitas histórias para contar. Nossos povos nativos e donos desta terra que vivem em harmonia com a natureza: tupi, xavante, tapuia, caiapó, pataxó e tantos outros.

Séculos depois, estudos comprovam a teoria, contada pelos anciões, de geração em geração dos povos, as verdades sábias que vocês não souberam respeitar e que hoje não querem respeitar.

São mais de 40 mil anos em que germinaram mais de 990 povos com cultura, com línguas diferentes, mas apenas em 500 anos esses 990 povos foram reduzidos a menos de 220. Mais de 6 milhões de índios foram reduzidos a apenas 350 mil.

Quinhentos anos de sofrimento, de massacre, de exclusão, de preconceito, de exploração, de extermínio de nossos parentes, aculturamento, estupro de nossas mulheres, devastação de nossas terras, de nossas matas, que nos tomaram com a invasão.

Hoje, querem afirmar a qualquer custo a mentira. A mentira do Descobrimento. Cravando em nossa terra uma cruz de metal, levando o nosso monumento, que seria a resistência dos povos indígenas. Símbolo da nossa resistência e do nosso povo.

Impediram a nossa marcha com um pelotão de choque, tiros e bombas de gás.

Com o nosso sangue, comemoram mais uma vez o Descobrimento.

Com tudo isso, não vão conseguir impedir a nossa resistência. Cada vez somos mais numerosos. Já somos quase 6.000 organizações indígenas em todo o Brasil.

Resultado dessa organização: a Marcha e a Conferência Indígena 2000, que reuniu mais de 150 povos; teremos resultado a médio e a longo prazo.

A terra para nós é sagrada. Nela está a memória de nossos ancestrais dizendo que clama por justiça. Por isso exigimos a demarcação de nossos territórios indígenas, o respeito às nossas culturas e às nossas diferenças, condições para sustentação, educação, saúde e punição aos responsáveis pelas agressões aos povos indígenas.

Estamos de luto. Até quando?

Vocês não se envergonham dessa memória que está na nossa alma e no nosso coração, e vamos recontá-la por justiça, terra e liberdade".

Vários fatores linguísticos contribuem para a força impressionante desse discurso, e um deles é a oposição *nós / vocês*, que o percorre inteiro. Mas se você observar melhor o que significam os pronomes *nós* e *nosso* em suas várias ocorrências, terá surpresas: trata-se ora aos participantes da cerimônia (inclusive o secretário de estado do Vaticano, que ouviu o discurso sentado numa espécie de trono, enquanto dois seminaristas negros o protegiam do sol com um guarda-sol), ora aos indígenas de todos os tempos, ora a grupos mais específicos de indígenas, por exemplo aquele que a polícia impediu de chegar ao local das cerimônias comemorativas do Descobrimento. Analise você mesmo(a).

6. Narre um episódio que justificaria a aplicação do ditado: "Nós quem, cara pálida?" [ou seus equivalentes "Me inclua fora disso" e "Tô fora!"].

7. Nos enunciados a seguir, que tratam de números naturais, você reconhecerá algumas leis aritméticas elementares. Reescreva-os, sem utilizar as variáveis.

$$Se\ x\ é\ par,\ x^2\ é\ par$$
$$Para\ todo\ x\ existe\ y\ tal\ que\ y > x$$
$$(x+y)^2 = x^2 + 2xy + y^2$$
$$x(y+z) = xy + xz$$
$$x \cdot y = y \cdot x$$

8. As passagens transcritas a seguir provêm da primeira parte de uma entrevista sobre racismo que a filósofa negra Sueli Carneiro deu em fevereiro de 2000 à revista *Caros Amigos* ("Uma guerreira contra o racismo"). A entrevista é importante para quem queira entender por que o chamado "mito da democracia racial" não passa de uma forma perversa de racismo; todos deveriam lê-la na íntegra. Aqui, foram selecionados trechos que mostram alguns usos dos pronomes que são hoje corriqueiros e generalizados em português do Brasil, mas que, pelo visto, não receberam atenção dos gramáticos.

Marco Frenette – Qual foi sua primeira experiência direta com o racismo?
Sueli Carneiro – Olha, ser negro, nascer negro, é estar sistematicamente ao longo de toda a vida sofrendo processos de discriminação. Então não tem a situação A ou B, você distinguido. Na escola se dá a primeira situação franca, concreta: "Negrinha", "Pelé", "Cabelo de Bombril".

José Arbex Jr. – Dentro do mesmo estrato social em que vocês viviam, ou seja, no meio operário, havia racismo por parte das famílias brancas?
Sueli Carneiro – Como a pobreza equaliza certas condições, existe um grau de solidariedade e fraternidade superior ao das classes mais privilegiadas. Porém quando há uma situação de conflito, é a cor o elemento utilizado para agredir, para distinguir. Por exemplo, você tem seus vizinhos, vocês festejam juntos, um batiza o filho do outro, vocês almoçam juntos nos fins de semana, mas assim que aparece uma situação de conflito, surgem as afirmações: "Só podia ser negro mesmo", "Negro, quando não caga na entrada caga na saída". Ou seja, basta surgir alguma situação de tensão para o elemento racial ser usado para discriminar, ofender, humilhar.

José Arbex Jr. – Você sentia isso em seu bairro?
Sueli Carneiro – Havia mais do que isso. Havia um tipo de atitude. O branco pobre, apesar de sua pobreza, tem um sentimento de superioridade frente ao negro. É algo mais ou menos assim: "Poderia ser muito pior, além de pobre eu poderia ser preto...". Há esse sentimento de superioridade, em qualquer classe social.

Marco Frenette – Sua família discutia a questão racial?
Sueli Carneiro – Não era exatamente discutida. Meus pais tinham um ideário: "Você não pode deixar se humilhar porque é negro", "Se você chegar em casa chorando porque apanhou, vai apanhar mais, porque não soube reagir". Tinha, então, um código de conduta que tinha que ser observado, você não podia aceitar discriminação, mas também tinha toda uma ideologia que passava pelo "temos de ser melhores porque somos negros, temos de ser mais morais, mais generosos, mais éticos, mais perfeitos; não podemos errar, temos de ser os melhores alunos etc." Quer dizer, tínhamos de ser melhores para ser tratados de forma igual. Ou melhor, para não deixar nenhum argumento "para esses brancos falarem da gente...".

José Arbex Jr. – Muitos dos traços que você mencionou de formação familiar lembram a de uma família de imigrantes que tenta se estabelecer num país estrangeiro. Você diria que, de certa maneira, os negros no Brasil são como estrangeiros com relação à sociedade branca?
Sueli Carneiro – É muito mais do que isso. Uma das coisas cruéis e perversas que se faz neste país é comparar a situação do escravo com a do imigrante, como se fosse possível estabelecer algum parâmetro de comparação para uma situação em que você imigra, ainda que esteja abandonando condições muito difíceis de guerra, de pobreza, de miséria, até de racismo, de intolerância de qualquer natureza, mesmo chegando no outro país nessas condições e, a despeito de tudo

o que você possa ter perdido, há uma coisa que não está perdida, que é a sua humanidade. Já a condição escrava coloca esse limite, o limite da desumanização de um ser humano. Além do desenraizamento, além da aculturação, há a perda da condição humana, porque o negro era um objeto de trabalho. Na verdade, só adquirimos condição humana a partir de 1888, quando deixamos de ser escravos – a condição de objeto produz sequelas profundas, e demanda muito tempo para resgatar a autoestima, com uma experiência não traumática [...] Do ponto de vista histórico é um fato muito recente, uma experiência que, para cicatrizar, ainda leva muito tempo [...].

Nas falas dos entrevistadores e da entrevistada, aparecem várias vezes os pronomes *você* e *vocês*. Em alguns casos, como na primeira pergunta de José Arbex, serve claramente para identificar o interlocutor, mas há na entrevista um outro uso de *você* que é claramente diferente. Caracterize esse outro uso e aponte todas as suas ocorrências.

9. Considere mais este trecho, extraído da mesma entrevista de Sueli Carneiro:

[...] **Marina Amaral – E por que todo jogador de futebol negro arruma uma loira?**
Sueli Carneiro – Não é possível estabelecer que preto tem que casar com preto e branco com branco. Não dá para legislar no campo pessoal. Agora, é evidente que o racismo institui um paradigma estético um ideal estético, um padrão de beleza que é valorizado e hegemônico. Esse padrão que estabelece o branco como parâmetro de beleza tem um impacto sobre as pessoas e produz também um deslocamento do olhar, produz o desejo de possuir isso que é valorizado, aceito e reconhecido socialmente. Somos bombardeados o tempo todo pelos meios de comunicação com essa imagem do que é bom, do que é a imagem do sucesso. E, como vivemos em uma sociedade em que a mulher é reificada, ela torna-se um símbolo, não é? Um símbolo de status; a mulher branca em primeiro lugar, sendo a loira o ápice. Então a mulher branca corrobora sua vitória, corrobora seu processo de mobilidade social, ela é o signo de sua vitória, com ela se diz "Eu cheguei lá" e acho que esse apelo é uma força irresistível, é como se fosse necessário provar, é como se ela coroasse um processo muito difícil de conquistas, uma luta heroica, geralmente os jogadores são meninos pobres, começam jogando futebol na rua etc. Então, tem esse forte apelo presente no nosso imaginário [...]

Explique o uso que se faz dos possessivos "sua" e "seu" na passagem "Então a mulher branca corrobora *sua* vitória, corrobora *seu* processo de mobilidade social, ela é o signo de *sua* vitória...".

10. A expressão *"fazer o mesmo"* e algumas de suas variantes dão margem a casos curiosos de ambiguidade, como é o caso nas sentenças que seguem. Para cada uma delas, procure formular os dois sentidos que admite.

• Na reunião do condomínio, o síndico, que mora no 4º andar, ficou paquerando sua vizinha de porta, e o médico do segundo também.
• Eu acabei mandando um ramalhete de flores para minha sogra no dia das mães. Meu irmão, que fez a mesma coisa, pagou um terço do que eu paguei.
• Sem querer, deixei o diretor de minha firma preso no elevador; quando meu primo fez a mesma besteira há alguns anos, foi despedido.
• Carlos se considerava culpado pelo fracasso da firma, e José achava o mesmo.

Reconhecimento de formas de um mesmo paradigma flexional

Objetivo

Fortalecer a noção de paradigma de conjugação, pelo reconhecimento de formas como pertencentes a um mesmo paradigma.

Caracterização geral

Como falantes de português, sabemos intuitivamente que certas formas pertencem a um mesmo paradigma flexional. Isso nos permite "juntar" todas as formas que um verbo, um substantivo ou um adjetivo podem assumir. Por exemplo, sabemos que as formas *(eu) via, vendo e visto* pertencem ao verbo ver. Sabemos também que *(eu) vendo, venderei e vendido* pertencem ao verbo *vender.*

Material linguístico

Para manusear o dicionário, é preciso saber que formas são tradicionalmente escolhidas como representantes de todo um paradigma flexional.

As formas que representam um paradigma flexional são:

Para os substantivos: o masculino singular; assim, menino se torna representante do paradigma em que encontramos *menino, menina, meninos, meninas, menininha, meninão...*

Para os verbos: o infinitivo; assim, *correr,* se toma representante do paradigma em que encontramos *eu corro, ele corria, correndo, correrei, se nós corrêssemos* etc.

Para os adjetivos: o masculino singular do grau positivo; assim caro se torna representante do paradigma em que encontramos: *caro, cara, caríssimo, caríssima, mais caro, menos caro, o mais caro (de todos) etc.*

Reconhecer que determinadas formas pertencem a um mesmo paradigma pode ser um meio de lidar com a irregularidade da flexão.

Atividade

É de Guimarães Rosa a célebre frase "Pãos ou pães é questão de opiniães". O mesmo jogo de palavras daria certo com "mãos ou mães"? Por quê?

146 Introdução ao estudo do léxico - brincando com as palavras

Na *Gramática portuguesa pelo método confuso*, publicada na década de 1950, Fradique Mendes dava exemplos de "conjugação" como este:

eu corro
tu foges
ele azula
nós damos no pé
etc.

Sabendo que a *Gramática pelo Método Confuso* pretendia ironizar os métodos de ensino gramatical então utilizados, baseados em grande parte na memorização, que intenção pode ter tido o autor ao falar de uma conjugação onde as formas não pertencem ao mesmo paradigma?

Exercícios

1. Em uma eleição que o metalúrgico Luiz Inácio da Silva – o Lula – e o engenheiro Paulo Maluf disputaram pelo Governo de São Paulo, Maluf procurou marcar a diferença entre as duas candidaturas declarando que só ele era *competente para o cargo em questão*. Lula respondeu a essa afirmação dizendo que em certo sentido era correta: "Maluf é realmente competente: compete, compete, compete... mas não ganha". Qual o jogo linguístico que está por trás dessa resposta? O que tem ela a ver com paradigmas flexionais?

2. O infinitivo do verbo, além de ser uma forma bastante usada, é também a palavra que usamos para falar das demais formas do verbo. Costuma-se dizer, por exemplo, que

Eu corro pertence ao verbo correr
Quando eu disser pertence ao verbo dizer

Diga sem hesitar a que verbo pertencem as formas *trago, caibo, coube, trouxe, dei, fui, faço, fiz, perco, pude, pus, farei, direi, porei, ponhamos*.

Reconhecimento de formas de um mesmo paradigma flexional   147

3. No texto deste horóscopo, foram assinalados alguns substantivos e adjetivos. Cite um ou mais verbos que tenham a mesma raiz para cada um deles

CÂNCER
21.6 a 21.7

LEÃO
22.7 a 22.8

VIRGEM
23.8 a 22.9

Tome nota de seus *sonhos*, isso poderá ajudá-lo/a. O dia promete *entretenimento, atividade social*. Divirta-se, mas não abandone suas *resoluções*, referentes á manutenção de dieta alimentar e *exercícios* físicos.

Faça uma boa *revisão* do material. Você poderá descobrir um *erro* que, se não encontrado, causará *despesas* e *constrangimento*. Um *nativo* de escorpião opõe-se aos *esforços*, mas você vencerá. Ordene suas *prioridades*.

Seja *analítico/a*, não considere nada como favas contadas – descubra o porquê das coisas. Há em sua *agenda* uma *viagem* curta para breve. E isso tem a *participação* de um nativo de Gêmeos.

4. No texto deste horóscopo, foram assinalados alguns verbos. Para cada verbo assinalado, descubra um ou mais substantivos que tenham a mesma raiz.

LIBRA
23.9 a 22.10

ESCORPIÃO
23.10 a 22.11

SAGITÁRIO
22.11 a 21.12

A música *toca*. *Dance* conforme seu ritmo. Seu charme e diplomacia estão em alta. Você *sabe agradar* às pessoas. Surgem dúvidas relacionadas com parceria e casamento. Um taurino *marca* presença.

Tenha cuidado ao *lidar* com um leonino. Não se *iluda* com relacionamentos. *Procure* enxergar as pessoas e os lugares como realmente são e não como *gostaria* que fossem. Há um pisciano no cenário.

Destaque para promoção, produção, habilidade para obter o material necessário. *Procure* não assumir as incumbências dos outros. *Livre-se* do que não lhe *pertence*, sabendo *impor* limites.

5. Ocasionalmente, a flexão de uma palavra leva a formas que pertencem também a outras palavras. É o caso do verbo *travar,* que tem no imperativo e subjuntivo a forma *trave* [*Meu bem, trave a porta do carro antes que o neném caia*], que, como substantivo, significa "viga", "travessão" [pense em *bola na trave*]. Um fenômeno semelhante ocorre com as seguintes palavras:

> *cantaria*
> *zombaria*
> *lava*
> *portas*
> *portaria*
> *soldado*
> *escalada*

Para cada uma dessas palavras, faça uma frase em que ocorre como verbo, e outra em que ocorre como substantivo.

148 Introdução ao estudo do léxico - brincando com as palavras

6. Embora o adjetivo seja frequentemente apresentado como uma palavra que se flexiona em gênero, número e *grau*, muitos adjetivos não têm comparativo nem superlativo. Formas como

[objeto] *excessivamente quadrado*
[prefeito] *muito municipal*
[metro] *muito linear*
[jornal] *bastante diário*
[atendimento] *menos domiciliar*

são, efetivamente, impossíveis. Mas *excessivamente quadrado, muito municipal, muito linear, bastante diário e menos domiciliar* têm alguma chance de se tornarem aceitáveis, se os substantivos forem outros (*"O Deputado Sinval, que foi três vezes prefeito de cidades do interior, tem da política uma visão muito municipal"*). Descubra contextos que tornam possíveis os comparativos e superlativos listados acima; decida se, ao ser usado ao lado desses outros substantivos, o adjetivo mudou ou não de sentido.

7. Refletindo um estado de língua mais antigo, as gramáticas costumam enquadrar o verbo *adequar* entre os defectivos, isto é, entre os verbos em cujo paradigma de conjugação faltam formas. A explicação dada é que *adequar* tem formas como *adequava, adequei, adequado* em que o acento tônico recai nas desinências (formas arrizotônicas), ao passo que lhe faltam as formas em que o acento recairia no radical. A realidade linguística parece ser outra: em jornais e revistas de grande circulação é normal encontrar formas como *adequa* ou que *se adeque*, o que pode significar que o uso corrente acabou "completando" o paradigma para esse verbo. Que outros verbos funcionaram como possíveis modelos, nessa tarefa de reconstrução?

8. Há, na língua, alguns paradigmas "abundantes" (isto é, paradigmas em que, uma mesma categoria comporta duas ou mais formas). Um caso conhecido é o dos particípios passados. Entre os particípios passados "abundantes", as gramáticas citam os seguintes:

aceitado / aceito
anexado / anexo
cativado / cativo
cegado / cego
descalçado / descalço
entregado / entregue
ganhado / ganho

convencido / convicto
corrompido / corrupto
afligido / aflito
confundido / confuso
concluído / concluso
incluído / incluso
inserido / inserto

A recomendação dos gramáticos é que a forma irregular (sempre a segunda) seja utilizada quando o verbo está na voz passiva (*as partes tinham aceitado as condições mas as condições tinham sido aceitas pelas partes*). Você conhece todas as formas listadas? Você as usa segundo a recomendação dos gramáticos? Dê exemplos de formas verbais usadas na linguagem popular em desacordo com as recomendações da gramática.

9. Em abril de 2000, quando a equipe econômica do governo decidiu que o salário mínimo seria de 151 reais, alguns altos funcionários saíram em defesa dessa decisão. Um desses funcionários foi o Ministro da Fazenda, Pedro Malan, que declarou algo como "[esse salário] dá para comprar uma cesta básica e ainda sobram cerca de R$ 20". O humorista José Simão, do jornal *Folha de São Paulo*, aproveitou o mote do "dá e sobra" e comentou por que o salário é suficiente para uma família: A mulher *dá*, para sustentar os filhos, e o marido cata sobras no lixo, para comer. Comente.

10. Veja esta anedota e explique o que ela tem a ver com reconhecimento de formas de um mesmo paradigma:

> A - Você tem um cigarro?
> B - O senhor fuma?
> A - Fumo mas não trago.
> B - Pois devia trazer.

Polissemia

Objetivo

Explorar o fato de que as formas linguísticas admitem extensões de sentido que as tornam aptas a serem utilizadas em diferentes contextos.

Caracterização geral

Fala-se em "polissemia" a propósito dos diferentes sentidos de uma mesma palavra que são percebidos como extensões de um sentido básico.

Material linguístico

A polissemia se opõe à homonímia: para que haja polissemia, é preciso que haja uma só palavra; para que haja homonímia, é preciso que haja mais de uma palavra. Há continuidade entre os vários sentidos que assume uma palavra ou construção polissêmica entre os sentidos próprios de palavras homônimas, há descontinuidade.

Além das palavras, a polissemia afeta a maioria das construções gramaticais: um bom exemplo é o chamado "aumentativo" dos nomes: se pensarmos nas razões pelas quais alguém poderia ser chamado de *Paulão*, em vez de *Paulo*, encontraremos explicações como "porque é alto", "porque é grande", "porque é grosseiro", "porque é desajeitado" e até mesmo "porque é uma pessoa com quem todos se sentem à vontade". Normalmente é difícil dizer até que ponto vale cada uma dessas explicações. Da ideia de tamanho passa-se à de um certo modo de ser e de relacionar-se.

Atividade

Um dos problemas que todo dicionarista enfrenta é o de organizar os sentidos das palavras na forma de verbetes. Normalmente, o dicionarista usa verbetes diferentes para dar conta da homonímia e, no interior de cada verbete, trata dos casos de polissemia. Veja o que acontece no recorte abaixo, extraído do *Dicionário Brasileiro da Língua Portuguesa*, de Adalberto Prado e Silva e outros.

velar 1, v. (l.*velare*). 1. Tr. dir. e pron. Cobrir(-se) com véu; A dama *velou* o rosto. Velara-se pudicamente. 2. Tr. dir. Encobrir, ocultar, tapar: O pintor *velou* a impressionante tela. 3. Tr. dir. Pint. Por velatura em. 4. Tr. Dir. Fot. Impressionar excessiva ou inoportunamente: A luz *velou* o filme. 5. Pron. Encobrir-se, ocultar-se: *Velou-se* a estrela por trás das nuvens. 6. Tr. dir.

Tornar sombrio; tornar menos brilhante ou menos claro pela interposição de um corpo; empanar: *Uma faixa escura velara a cena.* 7. Anuviar-se, revestir-se de sombra: *Velou-se-lhe de tristeza a prazenteira face.* 8. Ocultar, recatar, tornar secreto: *Ela velava dele um segredo.* 9. Pron. Acautelar-se, livrar-se: *Velem-se dos falsos profetas.*

velar 2, v. (l. *vigilare*) 1. Tr. dir. Passar (a noite) em vigília: *Velei noites longas* (Coelho Neto). 2. Tr. dir. Estar de guarda ou de sentinela; vigiar: *A guarda-noturna passa as noites velando nossos lares.* 3. Intr. Passar a noite acordado, sem dormir: *Todos dormiam, mas eu velava.* 4. Tr. dir. Passar a noite junto à cabeceira de (um doente), para tratar ou cuidar dele, ou ao pé de um morto: *Gosta de velar defuntos.* 5. Intr. Estar em constante atividade, não se afastar nunca do exercício de suas funções. 6. Intr. Conservar-se aceso (o candeeiro, o castiçal, a luz, a tocha, etc.): *Vela e treme no teto da cabana a baça luz das resinosas tochas* (Gonçalves Dias). 7. Tr. dir. Patrocinar, proteger: *Velar a honra.* 8. Tr. ind. Interessar-se com vigilante zelo; *Velar pela pureza das crianças, velar pelos infelizes.* 9. Tr. ind. e intr. Exercer vigilância: *E sem repouso velamos em vossa conversação* (Paranapiacaba). *Um amigo fiel e prudente vela sobre ele* (Rebelo da Silva). *Ante o crime velava a consciência* (Porto Alegre) – *V. as armas:* passar (o futuro cavaleiro) *de vela* e orando num oratório a noite anterior à investidura das ordens, na cerimônia preparatória das ordens de cavalaria.

velar 3, adj. (l. *velu*). Fon. Diz-se dos sons que se articulam junto ao véu palatino.

Aponte dez sentidos encontrados nos verbetes acima, e invente para cada um deles um exemplo seu (se o dicionário já apresenta exemplos, não importa, dê exemplos seus).

1. Associe ao verbete apropriado (e se possível às acepções apropriadas) as seguintes palavras:

vigilância
vigilante
veleiro
velarização ("o som sofreu velarização em algumas variedades da língua portuguesa")
velório

2. Quantos verbetes há nessa transcrição?
3. Em sua opinião, a maneira como os vários sentidos das palavras foram reunidos em verbetes diferentes é aceitável?

Obs. Percorra o dicionário, e refaça essa mesma experiência com outros "recortes".

Exercícios

1. É possível, dizer, em português do Brasil:

Cabeça de alfinete, cabeça do dedo (em certas regiões), cabeça de um prego, cabeça de alho

O que há, em comum, entre esses usos da palavra "cabeça"?

Faça o mesmo raciocínio para estas outras palavras:

manta de gordura, *manta* de carne seca, *manta* de toucinho
gravata (golpe de luta livre), *gravata* (peça de roupa)
xadrez (jogo), *xadrez* (tecido), *xadrez* (carceragem)
orelha (corpo), *orelha* (dobra da capa do livro), *orelha* (de caderno mal conservado)
cebolinha (legume), *cebolinha* (peça do motor do automóvel)

2. Na propaganda a seguir, identifique a palavra que estabelece a ligação entre as atividades normais de uma farmácia e a possibilidade anunciada de usar a farmácia para pagar contas de luz.

154 Introdução ao estudo do léxico - brincando com as palavras

3. Tente imaginar o maior número possível de sentidos diferentes com que alguém poderia dizer cada uma destas frases:

"Fiz um provão!"
"É um mulherão"
"Esta é a minha casinha"
"Puxa, que carrão!"
"Foi um filmaço!"

4. Recém-chegada a uma escola da zona rural de uma cidade do estado de São Paulo, a professora é designada para uma classe de quinta série em que as crianças pedem o tempo todo para ir ao banheiro. Cheia de boas intenções, ela explica que certos jeitos de pedir são inadequados, que fica mal, por exemplo, pedir "para ir mijar". Aos poucos, a classe aprende a pedir licença para "fazer xixi", com exceção de um único menino, que continua fazendo a pergunta "inadequada". A professora começa a achar que o menino é teimoso e ignorante. Até descobrir que ele já apanhou em casa por falar em "fazer xixi". A professora chama o pai para uma conversa. Ele ameaça tirar o menino da escola e diz à professora que não se meta: quem faz xixi é mulher; homem mija. Os fatos aqui contados aconteceram na década de 1970, quando a professora Mílvia Rossi ganhou seu primeiro cargo efetivo em Jundiaí (60 km da cidade de São Paulo). O que eles ensinam? (sobre sinonímia, machismo, fidelidade à própria linguagem etc.)?

5. Todos entendemos o que significa a palavra "perna" na expressão "a perna da mesa". É a velha palavra "perna", que indicava inicialmente uma parte específica do corpo, e que, mediante uma extensão de sentido, passou a indicar uma das partes de uma mesa que serve de suporte ao tampo. É o fenômeno conhecido como catacrese. A seguir, você vai encontrar algumas outras palavras que sofreram uma extensão de sentido por catacrese. Tente explicar o raciocínio que justifica essa extensão.

"O ZBDA é o *braço armado* dos guerrilheiros pró-X."
"Bóris Casoy foi por muitos anos o *âncora* do Jornal do SBT."
"Utilizado pela primeira vez no final do campeonato de 1958, Pelé era a *arma secreta* da seleção."
"Parei de torcer pelo Palestra. Não aguentava mais torcer pelo *lanterna* do campeonato."
"À inauguração esteve presente *a nata* da sociedade."
"Neste período de crise, os livros didáticos são a *tábua de salvação* da editora."
"A contribuição do professor A.C. permitiu colocar o debate em *outro patamar.*"
"Durante a greve, o João foi a *interface* entre o sindicado e os patrões."

6. Achar as coisas boas ou ruins depende de quem acha; mas depende também do que queremos fazer com elas. Pense nas seguintes situações, e responda às perguntas:

Situação

Você quer evitar que seus papéis amontoados na mesa, voem com o vento.
Você vai trocar a pia de inox de sua cozinha por uma pia de granito.
Você está num camping, e resolveu amolar sua faca numa pedra.
Você quer acertar uma fruta madura, no alto de uma árvore, com uma pedrada.
Você precisa trocar o pneu de seu carro, numa descida, e resolve calçar as rodas para que ele não desça durante a operação.
Você descobriu que leva jeito para a escultura, mas sua única ferramenta é uma velha faca.
Você quer atirar pedras sobre a superfície do rio, de modo que elas pulem várias vezes.

O que vem a ser uma boa pedra?

Situação
Você vai ao baile de formatura.
Você vai passear na praia.
Você vai ser recebido(a) em audiência pelo Papa.
Você vai fazer inscrição no primeiro ano de faculdade, e sabe que os veteranos vão aplicar-lhe um trote.
Você vai a um churrasco e sabe que o dono da casa, um folgado, vai encarregá-lo de tomar conta da churrasqueira.

O que vem a ser uma boa roupa?

---

7. É sabido que expressões como *velho amigo* e *amigo velho* não têm o mesmo significado mas, para algumas pessoas, entre esses dois usos de "velho" há muitos

156 Introdução ao estudo do léxico - brincando com as palavras

elementos comuns. Quais são, em sua opinião, esses elementos? Por um raciocínio parecido, procure explicar as expressões

uma boa mulher – uma mulher boa
um santo homem – um homem santo
um pobre camponês – um camponês pobre
um simples faxineiro – um faxineiro simples
um grande cara – um cara grande
uma nova desculpa – uma desculpa nova
a própria casa – a casa própria
uma antiga casa de fazenda – uma casa de fazenda antiga

8. Há casos em que contar o falso não é mentir, assim como há casos em que mentir não é contar o falso. Conte um desses casos.

9. Você encontra a seguir uma lista de datas e de fatos que tiveram grande repercussão na mídia. Todos esses fatos poderiam ser chamados de operação. Diga, em cada caso, de que tipo de operação se trata (cirúrgica, militar etc.). Estabeleça o que todas essas "operações" têm em comum:

1967 – O Dr. Christian Barnard realiza o primeiro transplante de coração humano, no hospital Groote Schuur, Cidade do Cabo, África do Sul.
1968 – A Tchecoslováquia é invadida por tropas do Pacto de Varsóvia.
1969 – A General Motors americana convoca os proprietários de cerca de 5 milhões de automóveis para que reparem gratuitamente defeitos de fabricação constatados em seus veículos.
1975 – As naves espaciais Apollo (americana) e Soyuz (soviética) encontram-se a uma altura de 140 milhas acima da Terra.
1976 – Comandos aerotransportados de Israel resgatam no aeroporto de Entebbe, (Uganda), 103 passageiros de um voo da Air-France tomados como reféns por sequestradores palestinos. Trinta e sete pessoas morrem durante o ataque.
1985 – O Banco Mundial organiza uma coleta de fundos envolvendo 13 países, destinada a minorar os efeitos da fome na África.

10. Ilustrações como essa, em que os vários componentes de uma mesma máquina aparecem separados, mas numa posição que orienta sua montagem, são usadas com alguma frequência nos manuais de mecânica, e recebem o curioso nome de "Visão explodida". Explique a ideia que se quer expressar com a palavra "explodida".

Visão Explodida do Mecanismo Hidráulico de Direção
Sistema Pinhão e Cremalheira

1 – Conjunto Carcaça
2 – Conjunto Cremalheira
3 – Conjunto Pinhão / Válvula
4 – Porca de Trava
5 – Tampa do Pinhão
6 – Rolamento
7 – Vedador da Árvore de Entrada
8 – Anel Elástico
9 – Vedador
10 – Garfo de Apoio
11 – Anel "O"
12 – Mala
13 – Tampa do Garfo de Apoio
14 – Conjunto Mancal da Cremalheira
14A – Anel "O" do Conjunto Mancal
15 – Arame Retentor
16 – Conjunto de Articulação Axial (2)
17 – Sanfona de Vedação (2)
18 – Porca Sextavada (2)
19 – Abraçadeira (2)
20 – Abraçadeira (2)
21 – Conjunto Tubo de Pressão Curto
22 – Conjunto Tubo de Pressão Longo
23 – Bucha (2)
26 – Conjunto Terminal Esquerdo
27 – Conjunto Terminal Direito
28 – Anel "O" do Pistão
29 – Anel do Pistão

Predicados de predicados; predicados de eventos

Objetivo

Caracterizar intuitivamente vários tipos de operações que se aplicam a predicados ou orações, de modo a criar uma perspectiva adequada para a compreensão do papel exercido pelos modificadores.

Caracterização geral

Além do caso mais "simples" de predicação – aquele em que atribuímos propriedades a indivíduos por meio de um verbo –, a língua nos permite predicar acerca de predicados e mesmo de orações. Vamos exemplificar a partir de um fato que marcou a história do atletismo: a vitória do atleta negro americano Jesse Owens na prova dos 3000 metros, nas Olimpíadas de 1936. Essas Olimpíadas foram realizadas em Berlim, e o ditador nazista Adolf Hitler contava que elas provariam a superioridade física da raça branca. O fato histórico da vitória de Owens pode ser formulado, linguisticamente, de várias maneiras, mais ou menos complexas:

(1) Owens ganhou.
(2) Owens ganhou com boa margem.
(3) Owens ganhou, felizmente.
(4) Owens ganhou, desgraçadamente para Hitler.

Em (1) temos a formulação "elementar", em que um predicado ("ganhou") se aplica a um indivíduo. Em (2), o predicado "ganhou" é modificado por "com boa margem": a façanha de Owens não foi simplesmente ganhar, mas ganhar com boa margem. Em (3), "felizmente" aplica-se como um comentário a "Owens ganhou"; em (4), "desgraçadamente para Hitler" nos informa que a vitória de Owens foi ruim, na perspectiva de Hitler. Por trás de (1)/(4) existem então processos de construção diferentes, que as representações gráficas seguintes procuram recapitular (atenção: as setas indicam predicação).

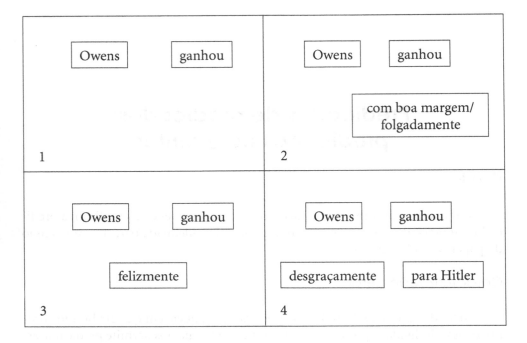

Material linguístico

Há em português várias palavras e construções gramaticais que podem ser usadas para realizar as operações de predicação "de segundo grau" (2, 3, 4):

Advérbios (como *folgadamente, desgraçadamente, felizmente*, nos exemplos acima);
Adjuntos adverbiais (*com boa margem*, nos exemplos acima);
Predicativos ([*Foi preso porque*] *estava guiando* bêbado);
Certos usos do gerúndio ou do particípio: *ele chegou correndo, ele entrou no carro de polícia algemado*;
Verbos que tomam como argumento uma oração completa, ou sua nominalização: *Que Owens ganharia era imprevisível; a vitória de Owens era imprevisível*.

Atividade

No *Manual de Redação e Estilo* do jornal *O Estado de São Paulo*, pode-se ler a seguinte recomendação:

> **Opiniões.** 1 - O jornal, como um todo, tem opiniões sobre os assuntos que publica e as expressa em editoriais. O noticiário, por isso, deve ser essencialmente informativo, evitando o repórter ou redator interpretar os fatos segundo sua ótica pessoal. Por interpretar os fatos entenda-se também a distorção ou condução do noticiário. Exemplos: ao tratar dos trabalhos de remoção de favelados de um local, o repórter entra em considerações sobre as injustiças sociais e os desfavorecidos da sorte, ou, ao tratar de um assalto, coloca a miséria como fator determinante da formação do criminoso. Deixe esse gênero de ilação a cargo dos editorialistas e apenas descreva os acontecimentos.
>
> 2 - Para oferecer ao leitor maior diversidade de opinião, o jornal tem críticos, comentaristas, analistas, articulistas, correspondentes e outros que, em matérias assinadas, poderão expor suas opiniões, nem sempre coincidentes com as do *Estado*. Em casos excepcionais, de reportagens mais amplas ou delicadas, se permitirá algum tipo de interpretação. É obrigatório, porém, que sejam submetidas à Direção e à Redação.
>
> Procure em algum jornal ou revista (não necessariamente *O Estado de São Paulo*) um artigo que cumpre o objetivo de informatividade e impessoalidade proposto nesse verbete, e outro que contraria esse mesmo objetivo. Discuta quais são as características linguísticas que distinguem um e outro.

Exercícios

1. Muitos adjuntos que se aplicam tipicamente a um verbo expressam algum tipo de "circunstância". Reúna as locuções adverbiais enumeradas a seguir em grupos, conforme expressem uma circunstância de modo, tempo etc.:

com um pé nas costas, de olhos vendados, num piscar de olhos, sem mais essa nem aquela, de um dia para o outro, de caso pensado, de bobeira, de mão beijada, de brincadeira, com conhecimento de causa, de bobeira, por um dá cá aquela palha, à socapa, na boca da noite etc.

2. Nos três próximos textos, foram grifadas algumas expressões predicativas que se aplicam a outras expressões predicativas. Para cada expressão grifada, diga a que expressão predicativa se aplica:

Conheça na Princess Cruises os mais luxuosos e elegantes dos grandes navios. Reconhecida *mundialmente* pelo excelente programa de entretenimento e pioneira no novo conceito de cruzeiros marítimos "Grand Class Cruising" – com restaurantes e serviços abertos 24 horas e uma variedade de opções de lazer que elimina os horários predeterminados. *Não é surpreendente* que seus navios sempre lotam antes dos outros. Por isso, planeje suas férias com antecedência – *uma dica mais válida que nunca* e descubra por que o sucesso da Princess Cruises é tão grande.

A apenas 55 km do aeroporto de Salvador, existe um paraíso ecológico onde a natureza exuberante e intocada convive harmoniosamente com uma estrutura de serviços, lazer e gastronomia de alto nível. O Praia do Forte Eco Resort reúne tudo isso com muito charme.

Informações e reservas: Consulte seu agente de viagens ou Praia do Forte Eco Resort, São Paulo (11)813-7366.

A N58 leva a todos os recantos da Côte d'Azur e um pouco de curiosidade pode conduzi-lo às áreas reservadas onde *top models* e príncipes aproveitam o verão. Vá sem medo. O máximo que lhe pode acontecer é ser *impiedosamente* ultrapassado por uma Ferrari, com a sensação de que viu Cindy Crawford e Sean Connery dividindo o banco da frente. *É provável* que tenham sido eles mesmos, porque, se há um lugar onde essa gente costuma dar as caras, esse lugar é a Côte d'Azur.

[*Viagem*, setembro de 1999]

3. Como você acabou de ver, os advérbios podem ser aplicados em diferentes níveis da estrutura semântica da oração. Seu domínio de aplicação, ou "escopo", pode ser o verbo, o predicado, ou a oração como um todo. Procure determinar qual é o escopo dos advérbios que foram destacados neste artigo do analista político Peter Hakim:

O presidente Fujimori *quase certamente* obterá seu terceiro mandato na eleição presidencial do Peru, em abril. Mas, ao contrário de suas duas vitórias anteriores, estas eleições não chegam nem perto de ser livres ou justas. [...]
Fujimori foi um líder *extraordinariamente* bem sucedido durante seus dois mandatos. [...] Se tivesse optado por governar *democraticamente* e respeitar as regras do direito, estaria agora deixando seu posto como um [...] dos maiores presidentes da história do Peru e da América Latina. [...]
Três em cada quatro peruanos acreditam hoje que as eleições não estão sendo conduzidas de forma justa. *Ironicamente*, Fujimori *provavelmente* seria eleito se fizesse uma campanha limpa, embora isso não fosse resolver o problema de estar tentando ser eleito para um terceiro mandato *constitucionalmente* duvidoso.

Apenas uma pessoa pode mudar essa situação – o próprio presidente Fujimori. A melhor contribuição que ele poderia fazer para ressuscitar a democracia no Peru seria retirar-se da corrida presidencial. Com as violações e abusos que ocorreram até hoje, não há outra forma de fazer sua eleição parecer justa e dar legitimidade aos resultados. Poucas coisas são tão destrutivas para a política democrática quanto eleições fajutas, e estamos prestes a ver uma no Peru.
Claramente, é improvável que Fujimori siga esse conselho e não há muito que os Estados Unidos ou outros países possam fazer. Ele será reeleito, o Peru continuará sob uma liderança autocrática, e a reconstrução das instituições democráticas será adiada por mais cinco anos.
[...]

[*OESP*, 28.2.2000]

4. De maneira coerente com a recomendação que você analisou na Atividade, o *Manual de Redação e Estilo do O Estado de São Paulo* assim trata do advérbio felizmente:

Felizmente - Não use nas notícias e reportagens em frases como: Felizmente não houve mortos no acidente / Felizmente o Brasil começa a conter a inflação.
O texto deve ser objetivo, e *felizmente* expressa uma opinião.

Que outros advérbios devem ser banidos, pelos mesmos critérios?

5. Quando dizemos de um colega ou amigo que "ele *foi finalmente* promovido", não descrevemos o modo como se deu a promoção; fazemos um comentário sobre ela, dando a entender que se fez esperar mais que o necessário. Nos dois trechos a seguir, diga se os advérbios acrescentam elementos à descrição de um fato, ou fazem comentários sobre o acontecimento:

Se você prefere contatos menos selvagens com natureza, prefira a civilidade do Arkticum, um museu das espécies que vivem acima do Círculo Polar Ártico. Inaugurado em 1992, o Arktikum já ganhou *merecidamente* o prêmio de maior atração turística finlandesa. O prédio, todo feito de placas de vidro, é um longo corredor estirado como um dedo apontando o Polo Norte. Dentro, é possível ver vários aspectos da vida polar, desde os animais que vivem no gelo até a curiosa tecnologia que ajudou o homem a conquistar a região

[*Viagem*, setembro de 1999]

Agências de espionagem da Grã-Bretanha e dos Estados Unidos bisbilhotaram a vida da princesa Diana e de Mark Thatcher, filho da ex-primeira-ministra britânica Margareth Thatcher, valendo-se de um sistema global de monitoramento, segundo ex-altos funcionários da inteligência. [...] Os altos funcionários revelaram também que ONGS como a Anistia Internacional, a Ajuda Cristã e o Greenpeace foram secretamente espionados. [...]

W.M., que trabalhou durante 20 anos para a Agência Nacional de Segurança dos Estados Unidos, disse na semana passada: "Qualquer um que seja *politicamente* ativo *eventualmente* acabará na tela do radar da ANS"

Oficialmente, Londres e Washington continuam a negar a existência da rede.

[*OESP*, 28.2.2000]

6. Alguns verbos de ação informam numa única palavra sobre o resultado esperado e o tipo de instrumento utilizado. Assim, quando dizemos que "o marceneiro aplainou a madeira", entendemos que ele fez com que a madeira *se tornasse mais lisa, mais regular*, e para isso *utilizou uma ferramenta equipada com uma lâmina*. Que resultado se visa / que instrumento se usa

Quando se *afixa* um cartaz na parede?
Quando se *bate* uma vitamina?
Quando se *fatia* um salame?
Quando se *corta* um bolo?
Quando se *assa* uma carne?
Quando se *plastifica* um documento?
Quando se *tinge* uma roupa?
Quando se *calibra* o pneu de um automóvel?

7. Os linguistas chamam *de nominalização* a conversão em sintagma nominal de uma oração completa, ou de um segmento de oração que inclui o verbo (por exemplo, a "Cabral *descobriu* o Brasil", relacionam-se as nominalizações "O descobrimento de Cabral", "O descobrimento do Brasil", "O descobrimento do Brasil por Cabral", em que o verbo *descobrir* foi substituído pelo substantivo *descobrimento*). Uma das características das nominalizações é sua capacidade de concentrar muita informação em poucas palavras, mas, às vezes, o excesso de informação complica a compreensão. A manchete que você vai ler a seguir inclui duas nominalizações (*veto, contratação de parentes*). Procure explicar o que significava essa manchete, lendo a notícia na íntegra.

Câmara derruba veto à contratação de parentes

BRASÍLIA – A Câmara derrubou ontem a proibição para a contratação de parentes até o terceiro grau por integrantes dos três Poderes, prática conhecida como nepotismo. Incluída na reforma do Judiciário, a restrição foi rejeitada por um placar de 286 votos favoráveis e 153 votos contrários. Um dos assuntos mais polêmicos da reforma, a proibição do nepotismo havia sido aprovada por 308 votos e, se fosse mantida, exigiria uma "reforma" nos gabinetes do Congresso. Segundo levantamento extraoficial da Secretaria Geral da Mesa da Câmara, cerca de 60% dos parlamentares mantêm parentes como funcionários. O Palácio do Planalto lavou as mãos e preferiu não marcar posição na discussão. Desde o início dos debates, o governo vinha evitando interferir nos rumos da reforma do Judiciário, cuja discussão manteve a bancada governista dividida no Congresso. A questão do nepotismo foi um dos pontos que mais negociações exigiu, pois era defendido por boa parte dos parlamentares [...]

[*OESP*, 16.3.2000]

8. Na notícia a seguir, a morte em circunstâncias trágicas de uma família e sua causa – o desabamento de um muro – são apresentados ora por meio de orações completas, ora por meio de nominalizações. Transcreva lado a lado as passagens em que se dão as mesmas informações.

Desabamento causa morte de 4 pessoas em Minas

Famílias dormiam
quando muro de fábrica
caiu sobre suas casas
na Vila Barraginha

BELO HORIZONTE – A chuva que atingiu a região metropolitana de Belo Horizonte na madrugada de ontem provocou a morte de quatro pessoas da mesma família e deixou outras duas feridas, na Vila Barraginha, em Contagem. As vítimas dormiam quando o muro de uma antiga fábrica de tecidos desabou sobre as duas casas. Segundo os bombeiros, a causa mais provável para a queda da parede seria a pressão da água acumulada do outro lado do muro.

[...] De acordo com o Corpo de Bombeiros, o desabamento de ontem causou a morte instantânea da dona de casa Querubina Maria Prado Costa, de 18 anos, e dos filhos dela, Luiz Carlos, de 2 anos, e Tiago Costa, de 8 meses. A irmã de Querubina, Rosa Prado Costa, de 11 anos, também morreu.

[*OESP*, 9.3.2000)

166 Introdução ao estudo do léxico - brincando com as palavras

9. Lendo o texto abaixo, você vai notar que, na descrição da habilidade de Garrincha como driblador, uma mesma frase é repetida várias vezes. Essa repetição não é apenas um recurso estilístico para insistir numa mesma ideia, pois o conteúdo dessa frase é objeto de várias atitudes (dos torcedores, dos marcadores de "Seu Mané" etc.). Identifique a frase e descreva as atitudes.

O jornalista Armando Nogueira tem uma teoria muito boa sobre o drible de seu Mané, apesar de Mário Filho não concordar com ele. O drible, diz Armandinho, é, em essência, fingir que se vai fazer uma coisa e fazer outra; fingir por exemplo que se vai sair pela esquerda, e sair pela direita. Pois o Garrincha, conclui o comentarista, é a negação do drible. Ele pega a bola e para; o marcador sabe que ele vai sair pela direita; quando finge que vai sair pela esquerda, ninguém acredita; ele vai sair pela direita; o público todo sabe que ele vai sair pela direita; seu Mané mostra mais uma vez que vai sair pela direita; a essa altura, a convicção do marcador é granítica: ele vai sair pela direita. Um murmúrio de espanto percorre o estádio: o esperado aconteceu, o antônimo do drible aconteceu.

Descobri há tempos uma graça espantosa nessa finta de Garrincha: às vezes o adversário retarda o mais possível a entrada em cima dele, na improvável esperança duma oportunidade melhor. Garrincha avança um pouco, o adversário recua. Que faz então? Tenta o marcador, oferecendo-lhe um pouco da bola, adiantando esta um ponto suficiente para encher de cobiça o pobre João. Ele parte para a bola de acordo com o princípio de Nenem Prancha: como quem parte para um prato de comida. Seu Mané, então, sai pela direita.

[Armando Nogueira, "Na grande área", *Jornal de Jundiaí*, 10.3.2000]

10. Aplicar um gerúndio a um verbo pode ser uma boa maneira de acumular informações sobre o modo como foi realizada a ação expressa por esse verbo. Mas nem todo gerúndio que segue verbo conjugado tem essa função. Identifique o caso em que o gerúndio indica modo, entre os exemplos a seguir:

Por ser um réptil, o crocodilo usa o calor do sol para conseguir energia, *necessitando* de pouca quantidade de comida para sobreviver.

Esse funcionário do supermercado atende os caixas *andando* de patins.

Apesar do excelente currículo, a firma não contratou esse candidato, *concluindo* que, apesar de seu talento, ele poderia ter problemas para trabalhar numa firma que valoriza o trabalho em equipe.

A profissão de *personal trainer está-se consolidando* no país, sendo uma das mais importantes saídas para os cursos de Educação Física.

O grupo Telecom Italia *vinha negociando* o controle da Companhia Telefônica Rio-grandense com a Telefônica Internacional e o Banco Bilbao já há alguns meses. Em janeiro, foram criados 53 empregos para cada grupo de 100 trabalhadores *procurando* emprego (no Japão).

Sinonímia

Objetivo

Alertar para os fatores que afetam a escolha entre palavras de sentido próximo.

Caracterização geral

Os sinônimos são palavras de sentido próximo, que se prestam, ocasionalmente, para descrever as mesmas coisas e as mesmas situações. Mas é sabido que não existem sinônimos perfeitos: assim, a escolha entre dois sinônimos acaba dependendo de vários fatores a serem explorados.

Material linguístico

A escolha entre dois ou mais sinônimos obedece a vários fatores:

A fidelidade às *características regionais* da fala: sentinela é a palavra usada em Minas Gerais para indicar a prática que, em São Paulo (e em muitas outras regiões do Brasil) se denomina velório. Conforme a região, não é possível usar livremente uma palavra pela outra, sem correr o risco de não ser compreendido.

A preocupação de ressaltar *diferenças de sentido*, que podem assumir grande importância num discurso mais técnico: para as pessoas comuns, furto e roubo são exatamente a mesma coisa; para a lei, há uma diferença: no roubo a vítima sempre sofre algum tipo de violência.

A preocupação de ressaltar *diferenças entre os objetos* de que se fala: as palavras mandioca, aipim e macaxeira são às vezes lembradas como os nomes para uma mesma raiz, da qual grande parte da população brasileira tira sua alimentação. Mas isso é apenas parte da história. Em muitas regiões, dois desses termos são usados para distinguir plantas que são cultivadas e preparadas de maneiras diferentes.

O *grau de formalismo da fala*: uma atividade desagradável pode ser qualificada de chata, aborrecida ou mofina, mas é pouco provável que a primeira dessas expressões apareça num discurso de posse de um ministro (situação de fala altamente formal), e é pouco provável que a última expressão apareça num diálogo de adolescentes (situação de fala informal).

A preocupação em destacar, no objeto descrito, certos *aspectos de forma ou função*: um mesmo prédio pode ser descrito, em momentos diferentes, como uma casa, a sede de um clube, o *local* de um crime etc.

170 Introdução ao estudo do léxico - brincando com as palavras

---

Atividade

Com papel, cola e algumas varetas, as crianças constroem pelo Brasil afora um brinquedo que voa, quando seguro por um barbante, opondo resistência ao ar. Esse brinquedo recebe vários nomes: *papagaio, pandorga, quadrado, pipa* etc. Faça, com seus colegas de classe, um levantamento de nomes que indicam esse tipo de brinquedo. Verifique em seguida quais são os mais usados e se as diferenças de nomes correspondem a diferenças de construção, formato etc.

Exercícios:

1. Segundo uma opinião antiga, mas discutível, os únicos casos de sinonímia "perfeita" acontecem nos textos científicos. Assim, para um químico, água e H_2O seriam expressões equivalentes. Procure descobrir o nome que se dá, em língua portuguesa, às substâncias cujos nomes e fórmulas químicas são dados abaixo:

- Cloreto de sódio NACL
- Sulfato de cobre
- Carbono C
- Óxido de ferro FEOOH
- Ácido clorídrico HCL
- Hidróxido de sódio
- Ácido acetilsalicílico $C_9H_8O_4$
- Óxido de di-hidrogênio H_2O
- Ácido ascórbico $C_6H_8O_4$

[Água, sal de cozinha, ácido muriático, ferrugem, soda cáustica, diamante/grafita, calda bordalesa, vitamina C, aspirina]

Recorra a um químico para saber se, na prática dele, as fórmulas e as palavras da língua são realmente sinônimas.

2. Neste texto, que trata da região dos Everglades, o pantanal da Flórida, a palavra "água", que tem um papel fundamental, foi sistematicamente substituída pela fórmula H_2O. O que você acha do resultado dessa substituição?

O pantanal deles agoniza

Se alguém ainda duvida da importância de preservar o Pantanal, basta olhar para a região dos Everglades, no estado americano da Flórida. Para consertar estragos ambientais provocados durante um século de ocupação, o governo vai investir ali 8 bilhões de dólares durante os próximos vinte anos.

Os Everglades ocupam hoje uma área de 6000 quilômetros quadrados – equivalente a 4% do Pantanal brasileiro. As semelhanças entre os dois ecossistemas são muito grandes. Para começar, tem duas estações bem definidas, a seca e a chuvosa. Durante as chuvas, a planície fica quase inteiramente debaixo de H_2O. Quando chega a estação seca, formam-se lagoas isoladas repletas de peixes, que atraem pássaros, crocodilos e outras espécies, num grande banquete. A característica geográfica que garantiu a formação dos Everglades também é a mesma do Pantanal: uma planície de declividade mínima, alimentada por um grande fluxo de H_2O. No caso do pantanal americano, o grande fornecedor de H_2O é o Lago Okeechobee. Alimentado pelas chuvas, o lago transborda, e suas H_2Os seguem lentamente para o sul, em direção à Baía da Flórida. No percurso, espraiam-se por um leito de 100 quilômetros de largura, tão raso que os americanos chamam de "rio de grama".

Para transformar esse enorme pântano numa região habitável e produtiva, desde 1950, foram construídos ali mais de 1600 quilômetros de barragens, canais e diques. Metade da H_2O que deveria correr do Lago Okeechobee para a Baía da Flórida hoje é desviada para o Atlântico e para o Golfo do México. As obras deram certo e o resultado foi bom para a economia. Para o meio ambiente, foi catastrófico. Hoje, 6 milhões de pessoas moram no sul da Flórida. Metade da área original dos Everglades está ocupada por cidades ou fazendas. Com isso, todo o equilíbrio do ecossistema foi quebrado. O melhor indicador da tragédia é a população das aves, que hoje é 90% menor que no século passado.

O projeto de 8 bilhões de dólares pretende reconstituir pelo menos parte dos pântanos dos Everglades dessa época. Para isso, serão construídos reservatórios que armazenarão 80% da H_2O que hoje é desviada para o mar. Essa H_2O será redirecionada para os Everglades em pontos e intensidades previstos num modelo de computador que reproduz o ecossistema original. Também será removida parte das barreiras que impedem a circulação da H_2O. O projeto terá de conviver com outro dado assustador. Em cinquenta anos, a população da região vai dobrar, chegando a 12 milhões de pessoas. Esse argumento tem sido utilizado por opositores do projeto, que querem secar uma área ainda maior dos Everglades.

[Adaptado de *Veja*, 2 de junho de 1999]

3. Procure se lembrar de alguns jogos infantis, desses que se jogam em lugar aberto. Descreva-os para seus colegas e confira com eles os nomes pelos quais são conhecidos:

Ex. pular sela / pular carniça
pique / pegador / picula
etc.

Procure caracterizar (em termos de idade, origem etc.) as pessoas que usam uma ou outra forma.

4. A revista *Enciclopédia Popular*, que é distribuída gratuitamente em Campinas, SP, trazia, no número de setembro/outubro de 1999 a seguinte matéria:

O dinheiro e seus nomes

Acionistas - dividendos	Magistrados - emolumentos
Advogados - honorários	Mendigos - esmola
Agiotas - juros	Militares - soldo
Autores - direitos	Noivas - dote
Beneméritos - homenagem	Operários - salário
Comerciantes - lucro	Padres - côngrua
Estado - impostos	Parlamentares - subsídio
Funcionários - ordenado	Pensionistas - pensão
Garçons - gorjeta	Proprietários - renda
Herdeiros - herança	Queixosos - indenização
Intermediários - comissão	Seguradores - prêmio

Há também o dinheiro que é pago às escondidas, para livrar-se das penalidades ou para comprar o silêncio de alguém. Dá-se o nome de "toco" quando se trata de dinheiro em favor da polícia e de "suborno" ou "bola", quando o beneficiado é um civil ou funcionário de órgão da fiscalização.

Quais das palavras dessa lista indicam uma "retribuição por serviços prestados"? Quais evocam um contexto jurídico?
Você conhece outros nomes que o povo dá ao "dinheiro que é pago às escondidas"?
Suponha que você queira acrescentar à lista as palavras "anuidade", "ressarcimento", "pró-labore", "propina", "mesada" e outras: quem seriam seus beneficiários?

5. Há outros nomes que se dão ao dinheiro, entre os quais estes, que indicam "grande quantidade":

bolada
nota
nota preta

fábula
os olhos da cara
etc.

6. Quais dessas formas você usaria nas circunstâncias abaixo:
- Alguém que casou com a filha de um comerciante muito rico.
- Alguém que paga a conta do conserto do carro.
- Alguém que ganha na loteria federal.
- Alguém que economizou durante anos, e conseguiu ter uma conta bancária bem gorda.
- Alguém que, simplesmente, pensa no valor da mega-sena acumulada.

7. No uso corrente, as palavras *caluniar, difamar e injuriar* são usadas como equivalentes. O dicionário estabelece, contudo, uma diferença:

difamar – *Atribuir a alguém um fato concreto e circunstanciado, ofensivo de sua reputação, embora não definido como crime*
caluniar – difamar, fazendo acusações falsas; atribuir falsamente a alguém fato definido como crime.
injuriar – *Ofender por meio de ação ou dito infamante; dirigir insulto a alguém.*
Conte um episódio que permita distinguir claramente duas dessas três situações.

8. O português do Brasil tem uma série de expressões - às vezes frases feitas - que falam do diabo sem usar essa palavra. Eis alguns exemplos: capeta, capiroto, canhoto, cramunhão, coisa-ruim... Faça um pequeno levantamento de expressões que fazem referência ao diabo evitando essa palavra.

9. Tente continuar as listas abaixo:

> Encosta, mas não dependura!
> Fala, mas não grita!
> Usa, mas não abusa!
> Estou pedindo, não estou mandando
> Cheira, não fede.
> É bonito, mas não é lindo.
> Ela não é feia, é horrorosa!
> Não está precisando de umas reformas, está desabando!

Explicite, as diferenças que permitem, em cada caso, distinguir as duas situações.

10. Todas as frases que seguem aludem, literalmente ou por metáfora, à parte superior de nosso corpo, a cabeça. Pede-se que você separe essas frases em três conjuntos, conforme o nível de formalidade dos discursos em que seriam, verossimilmente, encontradas.

> Ele foi uma das melhores *cabeças* que já passaram por nossa firma.
> Joãozinho não tinha nada na *cachola*.
> Aí, deu na *telha* dele de fazer essa viagem.
> Não esquenta a *moringa* com dívidas.
> Os cabelos tinham caído, e no lugar tinha ficado uma *calva* luzidia.
> Eu faço exatamente o que me dá na *bola*.
> Fez interlace para esconder a *careca*.
> Se ele não fosse tão *cabeça-oca*, não teria largado o emprego.

11. Esta é mais uma tira de "Hagar, o terrível", em que ficam confirmados o bom-senso e a capacidade de negociação de Eddie, o Sortudo. Explique em que consiste essa habilidade de negociação e o que ela tem a ver com a escolha entre dois sinônimos, e a capacidade de "dourar a pílula". Procure lembrar algum episódio em que a escolha das palavras facilitou (ou pelo menos, evitou complicar) uma conversa que "por si só" já era "difícil".

["Hagar, o terrível", *A Tarde*, 03.06.2000]

Substantivos contáveis e não contáveis

Objetivo

Marcar a distinção entre substantivos contáveis e substantivos não contáveis, e explorar os recursos linguísticos que permitem tornar eficaz o uso de ambos.

Caracterização geral

Há na língua substantivos que são sempre contáveis, como casa, pessoa, prego, dedo; substantivos que são sempre não contáveis, como ar, gasolina, farinha, tinta. A grande diferença é que os contáveis designam objetos discretos (isto é, entre os quais não há continuidade), que quando são acrescentados uns aos outros resultam num plural:

aquela casa + aquela (outra) casa = aquelas casas

Ao passo que os não contáveis designam porções de alguma substância que, acrescentadas a outras porções da mesma substância, resultam ainda em uma porção da mesma substância

Já havia guaraná no copo. Acrescentei mais guaraná. O que há no copo? – Guaraná. (Note que ninguém diria guaranás ou dois guaranás.)

Além dos substantivos que só se usam como contáveis ou como não contáveis, há outros que admitem os dois usos: *No lanche, Joãozinho Anorexia comeu um pão com um presunto.* vs. *No lanche, Joãozinho Anorexia comeu pão com presunto.*

Material linguístico

Os substantivos não contáveis não se combinam, normalmente, com palavras que indicam o resultado de uma contagem (exata ou não) feita "por exemplares" ou "por cabeças", por exemplo os numerais cardinais e ordinais e os coletivos que indicam número (três, cem, uma dúzia, uma centena, uma grosa):

uma dúzia de pregos versus uma dúzia de enxofre

Para acrescentar uma ideia de quantidade aos substantivos não contáveis, dependemos de usar nomes que indicam uma certa porção da substância indicada:

176 Introdução ao estudo do léxico - brincando com as palavras

uma porção de...   maionese,
uma dose de...   pinga, cocaína, remédio, uísque etc.
uma colher de chá de...   açúcar, sal etc.

Nomes não contáveis, quando são usados como contáveis, indicam (a) qualidades ou marcas comerciais de algum produto; ou ainda (b) quantidades de alguma substância, correspondentes a embalagens de dimensões convencionais:

uma pinga (= um cálice, normalmente um copo de 25 ml)
duas cervejas (= duas garrafas de cerveja, cada uma com 600 ml)
duas feijoadas e uma salada mista (= duas porções de feijoada e uma porção de salada mista)

Atividade
Os nomes de pratos de comida são não contáveis (feijoada mais feijoada = feijoada), menos no restaurante. Imagine-se na situação do garçom que recebe as ordens e pense por que é melhor "Três feijoadas no capricho!" do que "Feijoada no capricho para três!".

Exercícios

1. Analise esta receita de bolo: veja quais, dentre os substantivos em destaque, são contáveis e quais não contáveis:

Bolo de cenoura
Bater no *liquidificador*: 4 *ovos* mais 2 *cenouras* cruas picadas + uma xícara de *óleo*.
À parte, misturar: 2 copos de *farinha*, 2 copos de *açúcar*, 1 colher de *pó Royal*
Depois de bem batidos os ingredientes que foram ao liquidificador, misturar com os ingredientes secos.
Untar uma *assadeira*, pulverizar com *farinha*, despejar a *massa*, assar.

Cobertura: 7 colheres de *açúcar*, 2 colheres de *leite*, 2 colheres de *manteiga*, 2 colheres de *chocolate em pó*.
Levar ao fogo para ferver bem. Despejar sobre o bolo assado e levar tudo ao forno por alguns minutos.

2. Separe, nas expressões a seguir, as que indicam pequena quantidade e as que indicam grande quantidade (a propósito: você conhece e usa todas essas expressões?):

uma pá de gente,
um mundo de gente,
um tiquinho de gente,
um horror de dinheiro,
um pingo de vontade,
um bocadinho de paciência,
um monte de comida,
um despropósito de papel,
uma carinha de feijoada.

3. Pesquisa: Tente descobrir:

   Quanta carne há em uma arroba?
   Quanta terra há em um alqueire paulista?
   Quanta terra há em um alqueire goiano?
   Quanto uísque há em um galão?
   Quanta farinha há aproximadamente em uma xícara?
   Quanta cerveja há normalmente em uma garrafa?
   Quanto cimento vem normalmente em um saco de cimento?

4. No quadro abaixo, trace linhas entre as palavras que você considera compatíveis:

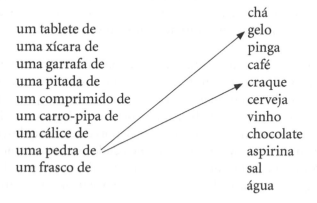

5. Há pares de palavras, que têm um significado parecido, mas se distinguem pelo fato de a primeira ser contável e a segunda não contável. *Gente* ou *pessoa(s)* é um desses pares. Complete as orações abaixo, escolhendo adequadamente entre as duas palavras do par:

178 Introdução ao estudo do léxico - brincando com as palavras

(a) (*gente, pessoas*) Na festa de aniversário da Mara apareceu muita ....
Todos comeram salgadinhos e tomaram guaraná da Vanucci, menos as ....
que chegaram tarde.

(b) (*dinheiro, moedas*) Saí de casa levando comigo o .... para o pão. De volta
da padaria, eu estava com algumas ...., que não sei onde pus.

(c) (*público, espectadores*) O .... das apresentações de música clássica é geralmente comportado. Isso não impediu que, na última apresentação da Orquestra
Sinfônica da Cidade, alguns .... mais exaltados, irritados com umas tantas
desafinações, gritassem palavras de baixo calão ao regente, o que provocou a interrupção do concerto por mais de dez minutos.

(d) (*audiência, telespectador(es)*) A .... da televisão é, forçosamente, mais com-
portada. No máximo, um ou outro .... telefona à emissora reclamando da má
qualidade dos programas, sabendo que sua conversa não terá maior repercussão.

(e) (*louça, pratos*) Sempre que você lava a .... sobram alguns .... sujos no
canto da pia. Isso é um golpe baixo.

(f) (*tralha, apetrechos*) Aumenta a cada ano o número de .... que os pescado-
res da cidade levam para o interior na época das férias, na esperança de enganar os
peixes. O pessoal do interior olha e sorri. Diz que quem sabe pescar não precisa de
muita ....

(g) (*culinária, receitas*) Decidir se a .... brasileira é saudável e nutritiva é uma
velha discussão. Recentemente, a Universidade de Iowa pesquisou algumas ....,
entre elas a feijoada e a vaca-atolada, e confirmou que seu teor de proteínas é alto.

(h) (*mobília, móveis*) Não é verdade que a .... da casa não tem valor. Entre as
várias peças há alguns .... que foram comprados em antiquário.

6. Lixo + lixo = lixo, ou seja, lixo é um substantivo não contável. Provavelmente
assim acontece porque o lixo foi visto por muito tempo, em nossa cultura, como
um material pouco aproveitável, para o qual não compensava olhar de perto. Ultimamente estamos aprendendo que certos objetos não devem ser jogados no lixo
porque comprometem o meio ambiente; outros objetos, depois de descartados, são
procurados e reciclados. Pense em coisas que a nossa sociedade está aprendendo a
não jogar no lixo, e em coisas que serão procuradas para fins de reciclagem. Faça
uma lista. Verifique em seguida se, para falar dessas coisas, você usou substantivos
contáveis ou não contáveis.

7. No texto que segue, assinale as palavras não contáveis. Em sua opinião, fibra é
uma dessas palavras? Por quê?

Substantivos contáveis e não contáveis 179

Quando a comida não digerida só faz bem

A origem da palavra enfezado aparece no dicionário etimológico como desconhecida, mas quem tem intestino preso a conhece muito bem. Quando o órgão não funciona do jeito que deve, o sujeito fica muito irritado. E é aí que deve entrar a ação das fibras, que tanto dão alívio e tranquilizam o enfezado. Para quem acha que há coisas mais importantes no quesito saúde que o funcionamento do intestino, saiba que 60% da nossa imunidade é responsabilidade desse órgão, uma poderosa barreira de defesa contra infecções, diz Franco Lajolo, do Departamento de Alimentos e Nutrição Experimental da USP.

As fibras, compostas de vários tipos, ajudam ainda no controle do colesterol e da quantidade de açúcar no sangue. O assunto é tão sério que já houve até congresso nos Estados Unidos para definir as fibras, que, segundo Lajolo, são os resíduos dos alimentos vegetais não digeridos pelo organismo.

Lajolo fez uma tabela aproximada da quantidade de fibras para cada 100 g. de bolo Barriga Zerada. O ingrediente campeão é o farelo de trigo, com 25 a 30% de fibras. As frutas têm cerca de 5%, a cenoura, 2% e a farinha integral, quem diria, só 1 a 2%.[...]

["Folha Equilíbrio", FSP, abril de 2000]

8. Transcrito da revista do jornal *O Correio Popular*, Campinas, abril de 2000:

"O campineiro conta com uma nova – e tremendamente prazerosa – opção de lazer. Acaba de ser inaugurada na cidade a Cachaçaria Água Doce, a mais importante rede do gênero da América do Sul. Franquias da Água Doce espalham-se por outras 38 cidades brasileiras. [...] A satisfação da clientela fica por conta do cardápio. Bárbaro. A rede oferece menu com cerca de 600 opções. Entre elas estão 150 coquetéis com vinho ou cachaça, e 150 batidas de frutas naturais. E o melhor da história, 200 cachaças artesanais, fornecidas por alambiques do Brasil inteiro.

A rede nasceu do interesse do empresário Delfino Golfeto, que se apaixonou pelo processo artesanal de fabricação da aguardente. Assim, ele inaugurou a primeira loja da rede, em Tupã.

Normalmente os nomes que indicam bebida são não contáveis. Quando são usados como contáveis indicam a dose de bebida. Verifique se é este o caso no texto, a propósito das palavras *aguardente, cachaças, coquetéis e batidas*.

9. Uma inferência A → B é válida quando da verdade de A decorre necessariamente a verdade de B. Quais destas inferências você confirma?

(a) Esta salada tem muita cebola → Esta salada tem muitas cebolas
(b) Esta salada tem muitas cebolas → Esta salada tem muita cebola
(c) A região produz muito vinho → A região produz muitos vinhos
(d) Mary pôs pimentão na salada → Mary pôs pimentões na salada
(e) A polícia encontrou fragmentos de pele sob as unhas da vítima → A polícia encontrou peles sob as unhas da vítima
(f) Durante a visita à adega, ele provou cinco qualidades de vinho e duas de licor → Durante a visita à adega, ele provou vinhos e licores
(g) Meio bife é muito para o vovô → Meio bife são muitos bifes para o vovô
(h) Nesse vidro, há 300 pimentas → Nesse vidro há 300 qualidades de pimenta
(i) Serviram uma salada com muito tempero → Serviram uma salada com muitos temperos
(j) Serviram uma salada com muitos temperos → Serviram uma salada com muito tempero

10. Há na língua pares de palavras como pinheiro, que indica um certo tipo de árvore, e *pinho*, que indica a madeira derivada dessa árvore. *Pinheiro* é contável, *pinho* não é (a não ser no sentido, derivado, de violão). Na língua, há também palavras como *cerejeira*, que indica tanto a árvore como a madeira. Procure se lembrar do maior número possível de casos como *pinho/pinheiro*, e do maior número possível de nomes como *cerejeira*.

Sufixos

Objetivo

Ensinar a ver a sufixação como um recurso de análise e entendimento de palavras desconhecidas.

Caracterização geral

Chamamos *sufixos* às unidades significativas, inferiores à palavra, que se acrescentam "à direita" de um radical, formando novas palavras.

O sufixo não é, normalmente, a penúltima ou a última unidade significativa da palavra. Depois do sufixo, as palavras do português podem ainda apresentar uma flexão (de gênero e número, quando se trata de substantivos; de tempo e modo quando se trata de verbos etc.).

Material linguístico

Os sufixos disponíveis na língua portuguesa são muitos, mas nem todos são igualmente produtivos. Entre os que mais formam palavras nos nossos dias estão:

-ismo, -ista: malufismo, malufista
-ando: doutorando, formando
-ento: piolhento, pefelento
-ável: reitorável, presidenciável
-udo: topetudo, narigudo, sortudo
-aço: ricaço, panelaço, buzinaço,
    bandejaço
-ite: governite, frescurite, xuxite

-ose: sinistrose, poliesculhambose
-íssimo: candidatíssimo, gatíssima
-ês: economês, politiquês,
computadorês
-esco: vampiresco, policialesco
-arada: filharada
-ar: malufar; amarelar
-ir: collorir, florir

Menos usados hoje, mas importantes em outras épocas da história da língua foram:
-ama: dinheirama
-edo: bicharedo, arvoredo
-aréu: mundaréu, povaréu
-idão: mansidão
-itude: pulcritude, negritude
-onho: medonho, enfadonho

[Fonte: A.J. Sandmann, *Formação de palavras no português brasileiro contemporâneo.* Curitiba: Scientia et Labor/Ícone, 1989]

Um dos principais problemas do estudo dos sufixos é que, em geral, eles têm mais de um sentido. O mesmo sentido pode ser também expresso por mais de um sufixo. Temos assim

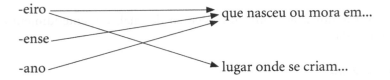

> **Atividade**
>
> Muitas cidades brasileiras tiram seu nome de algum produto ou de algum recurso natural abundante na região em que foram fundadas: Laranjal (de laranja), Jaboticabal (de jabuticaba), Jambeiro (de jambo) etc. Consulte um mapa da região em que você vive. Faça um levantamento dos nomes de cidade que tiram seu nome de um recurso natural ou produto.

Exercícios

1. Alguns nomes de família tipicamente portugueses terminam em *-es*, como *Fernandes, Lopes* etc. Essa forma *-es* é, na verdade, um antigo sufixo que indicava paternidade: *Fernandes* significava então "filho de Fernando", *Lopes* significava "filho de Lopo" etc. Tente estabelecer o que podem ter significado, no passado, os sobrenomes

Gomes
Ruiz
Bernardes
Álvares
Antunes
Marques
Diegues
Eanes

2. O diagrama a seguir mostra a disposição clássica de uma orquestra sinfônica, com seus instrumentos de corda (violino, viola, violoncelo, contrabaixo), sopro (flauta, clarineta, oboé, fagote, trompas) de percussão (tímpanos, caixa). Procure associar a cada instrumento o nome do músico (ou instrumentista) que o toca:

violino – violinista etc. Verifique em seguida: os sufixos usados para os instrumentistas da música clássica são os mesmos que se usam para os instrumentistas que tocam instrumentos populares (rabeca, sanfona, gaita)?

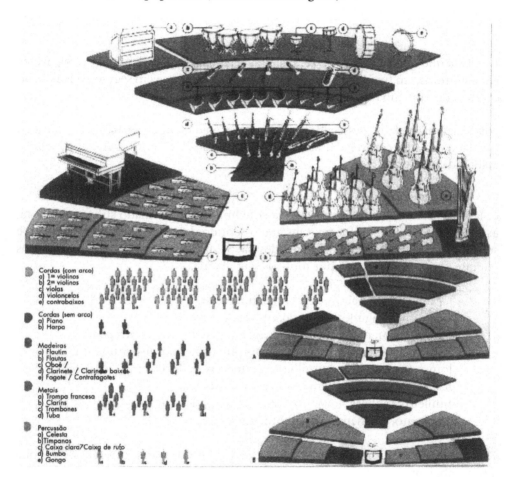

3. Uma boa *feijoada* pode ser caracterizada como um prato à base de *feijão*, da mesma forma que uma *buchada de bode* pode ser caracterizada como um prato cujo principal ingrediente é o *bucho de bode*. Quantos outros pratos você conhece, que tiram o nome do seu principal ingrediente?

4. A melhor maneira de descobrir a significação de um sufixo consiste em juntar um bom número de palavras formadas com ele, tentando descobrir o elemento de significação que elas têm em comum. Tente fazer isso com as palavras abaixo:

jabuticabal, laranjal, arrozal, bananal, trigal, cipoal;
Collorgate, Frangogate, Pittagate, ... Watergate;
autódromo, sambódromo, malhódromo, camelódromo, fumódromo;
Boatolândia, Eletrolândia, Disneylândia.

5. A lista que segue compõe-se de palavras terminadas pelo sufixo -ada. Separe-as em conjuntos, em função do sentido do adjunto, e explique em seguida o papel que o sufixo desempenha em cada um dos conjuntos.

goiabada, marmelada, pessegada, bengalada, cacetada, cajuada, patada, vassourada, cajadada, bolada, cotovelada, pernada, fisgada, bacalhoada, caldeirada, panelada, colherada, cervejada...

6. Para ter certeza de que uma palavra contém um determinado sufixo não basta, às vezes, considerar sua forma. Observe o sentido das palavras citadas a seguir, e separe em cada conjunto aquela que destoa. Se quiser, descubra outros conjuntos em que uma palavra destoa por motivos semelhantes.

    laranjeira, goiabeira, esteira, figueira, roseira;
    barbudo, narigudo, orelhudo, conteúdo, posudo;
    barbeiragem, molecagem, sacanagem, criadagem, pilantragem;
    fedorento, desentendimento, comprometimento, consentimento;
    louvação, exaltação, humilhação, intenção, badalação;
    festança, comilança, pança, gastança, tardança;
    funileiro, moleiro, torneiro, ferramenteiro, saleiro;
    fedorento, gosmento, lamacento, unguento, grudento.

7. A ambiguidade de alguns sufixos é às vezes explorada pelos humoristas. Explique a tira a abaixo:

8. A escolha do sufixo que se usa para indicar uma determinada adesão política basta às vezes para indicar a opinião de quem fala, a respeito daquela adesão. Diga quais das palavras a seguir, exprimem uma opinião negativa:

malufista, pefelento, malufento, petelho, direitoso, peessedebista, pefelista...

Como você explicaria o fato de que essas palavras exprimem uma opinião negativa?

9. Os sufixos não são aplicados ao acaso: cada sufixo se aplica a palavras de uma determinada classe, e cria palavras de classes também determinadas. Observe este quadrinho:

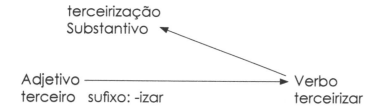

Explique o que vem a ser "terceirizar" e "terceirização".
Usando os mesmos sufixos, forme palavras a partir dos adjetivos *consciente, salino, imune* etc.

10. O sufixo *-izar* forma verbos transitivos a partir de substantivos e adjetivos. Procure explicar que vantagens apresenta

    Um leite *pasteurizado*
    Uma chapa de aço *galvanizada*
    Um automóvel com pintura *perolizada*
    Uma tinta *texturizada*
    Um tecido *sanforizado*
    Uma economia *cartelizada*
    Uma imagem *solarizada*
    Uma gravação *digitalizada*

Diga em seguida se as palavras em questão fazem referência ao inventor da técnica ou ao resultado visado.

Termos genéricos e termos específicos

Objetivo

Mostrar que as mesmas "coisas" se enquadram em conceitos mais ou menos abrangentes.

Caracterização geral

Ao falar das mesmas realidades, podemos aplicar a essas realidades palavras que evocam conceitos mais ou menos abrangentes. Por exemplo, Caruso, meu *canário*, é ao mesmo tempo um *canário*, um *pássaro*, um *bicho*, um ser *vivo*...

Material linguístico

Interessa dispor da noção de *hiponímia*: a palavra *canário* é hipônima da palavra *pássaro*. As palavras *automóvel, ônibus, motocicleta* são hipônimos de *veículo* etc. A noção de hiponímia tem a ver com inclusão: todo canário é um pássaro, mas nem todo pássaro é um canário.

Interessa também observar que, em oposição aos termos específicos correspondentes, os termos genéricos são aqueles que se aplicam a conjuntos mais amplos de objetos (os linguistas dizem por isso que eles têm *extensão* maior), mas nos dão pouca informação sobre como são os próprios objetos (*compreensão* menor): ficamos sabendo mais sobre as características de um animalzinho de estimação se ele for descrito como um canário, ficamos sabendo menos se ele for descrito, genericamente, como um pássaro.

Atividade

Se você já passou pela experiência de preparar uma declaração de imposto de renda, sabe que em uma das primeiras casas do impresso, no campo dedicado à identificação do contribuinte, a Receita Federal exige que seja lançada uma informação correspondente à profissão de quem declara. Para padronizar as informações, a Receita Federal desenvolveu uma classificação das profissões, frequentemente tomada como referência. Localize essa classificação, e faça um breve quadro sinótico, mostrando que tipo de informações contém e em quantos níveis se organiza essa classificação.

Exercícios

1. Separe dos demais o nome de significação mais genérica:

{gato, bicho, leão, jacaré}
{capturar, agarrar, segurar, apanhar, pegar}
{oficial, tenente, capitão, major, general de divisão}
{flor, crisântemo, cravo, rosa, orquídea}
{automóvel, caminhão, bicicleta, veículo, carruagem}
{praça, beco, logradouro, avenida, travessa}
{batedeira de bolo, eletrodoméstico, geladeira, liquidificador, forno de micro-ondas}
{artilharia, cavalaria, marinha, aviação, arma}

2. Acrescente numa série de hipônimos:

Material escolar {lápis, caderno, régua, ...}
Especialidade médica {Anestesiologia, Dermatologia, Otorrinolaringologia, Oftalmologia...}
Acidentes geográficos {montanha, rio, península, lagoa...}
Animais domésticos {cão, gato, hamster, tartaruga...}
Derivados do petróleo {asfalto, gasolina, querosene...}
Acessórios de automóvel {rádio, rodas de liga leve, brake-light...}
Pedras preciosas {ametista, topázio, safira...}
Fantasias de carnaval {índio, marinheiro, baiana...}

3. Escolha o termo que preenche melhor a lacuna:

Fulano de tal come tudo quanto é ....: bolo, pudim, manjar (*doce, comida, petisco*)
Tenho amigos de todas as ....: protestantes, judeus, muçulmanos, católicos (*raça, religião, opinião*)
Já pratiquei muitas ....: natação, vôlei, ginástica olímpica, salto com vara (*terapia, modalidade esportiva, atividade*)
Fazia parte da educação dos ricos, nessa época, terem rudimento das principais ....: francês, inglês e latim, principalmente (*falas, línguas, culturas*)
Dois mil anos antes de Cristo, o homem já tinha aperfeiçoado .... como a fabricação de vasos de argila, a fundição dos metais e a adubação da terra (*métodos, técnicas, trabalhos*).
Na moda do ano que vem voltam alguns tipos de .... que estavam esquecidos há algum tempo, como as sandálias, os tamancos e os sapatos de salto baixo (*sapatos, calçados, chinelões*).

Como ...., os vereadores, deputados estaduais e deputados federais gozam de imunidade pelos atos realizados em decorrência de seu mandato (*parlamentares, políticos, homens públicos*).

É nos museus que podemos ter as melhores amostras das .... mais populares: a pintura e a escultura (*artes figurativas, artes plumárias, artes*).

4. Palavras como "coisa", "negócio", "trem" e algumas outras, quando usadas para falar dos objetos com que convivemos no dia a dia, descrevem esses objetos de maneira muito genérica e, com isso, podem criar problemas para uma comunicação eficaz. Todo mundo já assistiu a diálogos como estes:

I

O filho que sai para a escola - Mãe, cadê o negócio que eu pus aqui em cima ontem?
Mãe - Que negócio, meu filho?
O filho que sai para a escola - O passe escolar.
Mãe - Já pus na sua pasta.

II

O pai para o filho - Joãozinho, vai na sala, vê em cima da mesa, tem o meu negócio, você pega e põe com as coisas que eu vou levar para o serviço.
Filho - ?!?!?!?!?

Se você já assistiu a um diálogo como esse ou conhece alguma pessoa que costuma usar além do razoável palavras como coisa, negócio, trem conte a respeito.

5. Pedir o tempo todo mais informações é tão desastroso para uma comunicação bem-sucedida quanto falar por termos excessivamente gerais. Todo mundo já conheceu algum "doutor Explicadinho", que interrompe a todo momento a fala dos outros para pedir esclarecimentos irrelevantes e com isso só irrita o interlocutor. Chega-se então a diálogos como estes:

I

A - Nesse momento eu me distraí e percebi que alguma coisa tinha me derrubado. Eu tinha sido atropelado.
B - Atropelado por um carro ou por um caminhão?
A - Por um carro. Fiquei no chão, sem poder mexer...
B - Um carro de passeio ou uma camioneta?
A - Um carro de passeio. Eu estava sem poder mexer...
B - Paralisado ou preso na ferragem?
A - Preso na ferragem, estava pedindo socorro, mas ninguém parava
B - Pedindo socorro aos gritos ou mediante sinais?
A- ...

190 Introdução ao estudo do léxico - brincando com as palavras

II

A - Aí recebi um aviso do correio, dizendo que eu deveria buscar uma enco-
menda.
B - Encomenda ou pacote?
A - Realmente, era um pacote! Fiquei intrigado em saber do que se tratava, e lá
fui eu ao correio.
B - Pacote grande ou pequeno?
A - Grande e desajeitado... A fila do correio estava imensa...
B - Desajeitado pelo formato ou porque estava aberto?
A - Dá licença de eu contar minha história?

Se você já assistiu a um diálogo deste tipo, ou conhece alguém que costuma
comportar-se como a personagem B, conte.

6. Nas narrativas, é comum usar o termo genérico para retomar "anaforicamente"
a referência a objetos mencionados anteriormente. Complete esta história com os
nomes genéricos que faltam.

A galinha ruiva, o gato, o cão e o cavalo viviam, com outros no terreiro de uma
fazenda. Um dia, a galinha ruiva estava ciscando pelo chão e encontrou um
grãozinho de trigo. Resolveu plantar o grãozinho para ter mais tarde uma espiga e fazer um bolo macio e gostoso. Então foi pedir ajuda ao cachorro e disse
assim:
– Senhor Cachorro, por favor, ajude-me a plantar este grão de trigo.
Mas o cachorro respondeu:
– Estou muito ocupado.
E foi embora sem atender o pedido de Ruiva. Aí, a galinha plantou o grãozinho
de trigo com a ajuda de seus pintinhos.
Alguns dias depois, o grãozinho de trigo já tinha virado uma linda espiga dou-
rada, e a galinha resolveu então amassar os grãozinhos e fazer o bolo. Desta vez,
Ruiva resolveu pedir ajuda ao cavalo para que a ajudasse a fazer a farinha.
A resposta do cavalo foi seca e malcriada:
– Eu já tenho que puxar a carroça do fazendeiro, e não gosto de me cansar
à toa.
Foi assim que a galinha, sem a ajuda de ninguém, acabou fazendo a farinha de
trigo. Depois arranjou leite, açúcar, manteiga, ovos e quando ia por todos esses
numa tigela para bater o bolo, apareceu o gato, todo elegante, com seu paletó
de pelo, um laço de conta no pescoço e dois olhos que pareciam duas contas de
vidro.
– O que é que a senhora está fazendo? – perguntou o gato.
– Ora essa, senhor gato, estou preparando um bolo macio e gostoso. O senhor
não quer me ajudar com a massa?

O gato lamentou muito, mas disse que acabava de tomar banho e de vestir sua melhor roupa. Por estes não podia ajudar a galinha. E assim, Ruiva, sempre com a ajuda dos seus pintinhos, amassou e cozinhou o tal bolo. Em geral, as galinhas entendem muito bem de trigo e sabem cozinhar bem. Mas Ruiva era mais do que uma boa cozinheira, era uma excelente cozinheira. Assim seu bolo saiu gostoso que nem ele só. Do forno saía um cheirinho delicioso que logo se espalhou pela fazenda. O gato, o cavalo e o cachorro vieram correndo e pediram à galinha um pedaço do bolo. Mas a galinha Ruiva respondeu:

– Na hora de plantar, colher, amassar e cozinhar, que são cansativos, vocês estavam ocupados. Pois fiquem ocupados agora, que é hora de comer.

E assim dizendo fechou a porta aos três e foi comer o bolo com os seus pintinhos.

[Texto adaptado de um conto de Ruth Rocha]

7. Descubra um termo genérico que subsume as duas palavras de cada par:

cadeira / guarda-roupa = móvel
broche / bracelete =
jacarandá / imbuia =
óleo sobre tela / afresco =
fubá / sêmola =
scanner / impressora matricial =
fígado / pâncreas =
hortelã / maracujá =

Continue você mesmo este exercício, descobrindo pares de palavras que são hipônimas de um mesmo texto genérico.

8. Em abril de 2000, o jornal *O Estado de São Paulo* publicou uma série de reportagens, das quais foram extraídos estes trechos:

O GOLPE DA PENEIRA

O *Estado* revela como garotos que sonham em jogar em um grande time de futebol são enganados e caem no conto da peneira; em 1998, em Pernambuco, cerca de 7 mil meninos acreditaram, em vão, que teriam chance no Santos Futebol Clube.

O GOLPE DA PENEIRA II

O *Estado* revelou ontem como ganhar dinheiro enganando garotos e promovendo peneiras. Em 1998, Sidney Roberto Gomes, que se dizia diretor de marketing de uma empresa denominada Asplan – Assessoria e Planejamento, organizou uma série de testes, em Pernambuco, que levariam os selecionados ao Santos Futebol Clube. O atestado do envolvimento do clube paulista foi a presença dos ex-jogadores Ramos Delgado e Manoel Maria [...]. Os dois atuaram com Pelé, na década de 1960 e, em 1998, eram "olheiros" do Santos. [...] Nenhum dos 7 mil jovens que participaram dos testes foram aproveitados pelo Santos. A desilusão resultou em um grande trauma na vida desses meninos.

Referindo-se aos fatos ocorridos em 1998, o jornal usa várias vezes as expressões "golpe da peneira", "conto da peneira". O que justifica tratar de golpe ou de conto o que era aparentemente um teste? Você seria capaz de dar outros exemplos de golpes ou contos (não necessariamente no esporte)?

9. Comente esta anedota:

> Na roça, dois amigos decidem roubar o porco do sitiante vizinho. Vão à noite e, enquanto um deles vigia, o outro, mais forte, põe o porco nas costas e vai saindo de mansinho. Quando está atravessando a cerca, o sitiante aparece com uma arma e diz ao ladrão que está carregando o porco:
> – Que bicho é esse nas suas costas?
> O ladrão olha por cima do ombro e grita:

Termos genéricos e termos específicos **193**

– Bicho? Bicho? Sai daí, bicho (o ladrão derruba o porco e limpa o ombro).
Barata é bicho, leão é bicho, borboleta é bicho, pernilongo é bicho e porco também é
bicho. O que quis perguntar o sitiante? O que quis dar a entender o ladrão?

10. [Questão do vestibular Unicamp 1999]

Acaba de chegar ao Brasil um medicamento contra rinite. O anti-inflamatório em
spray Nasonex diminui sintomas como nariz tampado e coriza. Diferente de outros
medicamentos, é aplicado uma vez por dia e em doses pequenas. Estudos realizados
pela Schering-Plough, laboratório responsável pelo remédio, mostram que ele não
apresenta efeitos colaterais, comuns em outros medicamentos, como o sangramen-
to nasal. "O produto é indicado para adultos e crianças maiores de 12 anos, mas
estuda-se a possibilidade de ele ser usado em crianças pequenas", diz o alergista
Wilson Aun, de São Paulo. (*Isto É*, 04.11.1998).

a) Segundo o texto, quais seriam as vantagens do uso de Nasonex em relação a
produtos congêneres?
b) O objeto de que trata este texto é chamado, sucessivamente, de "medicamento",
"anti-inflamatório", "remédio" e "produto". Qual desses termos é o que tem o sentido mais geral, e qual o mais específico?
c) Duas das palavras indicadas em (b) podem ser consideradas sinônimos. Quais
são elas?

Variação diastrática e de registro (níveis de linguagem)

Objetivo

Associar diferentes palavras e expressões a diferentes níveis de fala.

Caracterização geral

Entendem-se por "variação linguística" pelo menos três fenômenos distintos: (1) o fato de que em uma sociedade complexa como a brasileira convivem variedades linguísticas diferentes, utilizadas por grupos sociais que são expostos em graus diferentes à educação formal; (2) o fato de que pessoas de um mesmo grupo linguístico usam, para expressar-se, palavras e expressões diferentes de acordo com o caráter mais ou menos informal da situação de fala; (3) o fato de que o português do Brasil, como toda língua de cultura, inclui falares que são usados por alguns grupos específicos: os jovens, os malandros, os drogados, os economistas etc. Além de todos esses tipos de variação, o Português do Brasil foi marcado, ainda, pela variação histórica e pela variação regional que, neste livro, foram assunto de outros capítulos.

Material linguístico

Convém encarar como normal que, o fato de que, além do português-padrão ensinado na escola e utilizado pela mídia e pela literatura, há um português substandard. Segundo o professor Ataliba Castilho (no ensaio "O Português do Brasil", no livro *Linguística Românica*, S. Paulo, Ática), os traços mais salientes do português substandard são estes:

1. Tendência a tornar paroxítonas as palavras proparoxítonas: *figo por fígado, cosca por cócega, arve por árvore* etc.
2. Redução de ditongos, como em *caxa* por *caixa, quejo* por *queijo, experiença* por *experiência...*
3. Troca de "l" por "r" em final de sílaba e nos grupos consonânticos: *Rede Grobo por Rede Globo, pranta por planta, pobrema por problema...*
4. Alternância de *lh* e *i – oreia por orelha, véio por velho...*
5. Uso de formas como *fiquemo* por *ficamos* (perfeito do indicativo)
6. Perda do valor comparativo em palavras como *melhor* (daí: *mais mió*)
7. Possibilidade de usar o advérbio de negação mesmo quando o verbo é precedido de uma palavra negativa: *ninguém não viu o dinheiro que ele estava falando.*

8. Uso de relativas "copiadoras": *o menino que o pai dele morreu.*
9. Pela simplificação da concordância no interior do sintagma nominal: *as casinha tudo pintada de verde...*
10. Ausência de concordância verbal quando o sujeito segue o verbo: *aí chegou os dois sujeito...*
11. Uso generalizado de se e si como reflexivos (assumindo o papel de reflexivos de primeira e segunda pessoa): *eu se lavei, eu fiquei fora de si...*
12. Uso regular dos pronomes tônicos na função de objeto do verbo: *eu vi ele...*
13. Redução da conjugação verbal a três e, no limite, a duas formas: eu vou / *ocê, ele, nóis; ocêis, eles vai.*

O português substandard é a variedade mais usada, mas é tipicamente a língua das camadas mais pobres da população brasileira e, por isso, é objeto de uma forte discriminação que a escola teria a obrigação social de combater. Um bom começo para esse combate consiste em entender que se trata de uma língua que tem sua própria gramática, tão válida e eficaz quanto a da variedade standard.

Os linguistas chamam de *registro* ao tipo de variação que a linguagem sofre para adaptar-se às diferentes situações em que é usada. Por situações devem-se entender, no mínimo:

1. A existência ou não de outros participantes: monólogo, diálogo...
2. A familiaridade / distância / deferência com que se tratam os interlocutores.
3. A importância que se atribui ao assunto: o presidente da república que fala à nação sobre os graves problemas por que ela passa não fala no mesmo tom daqueles que jogam conversa fora falando de política, na mesa do botequim, depois do expediente.
4. O grau de formalidade da ocasião: discurso de posse, discurso de campanha...
5. O "gênero" adotado: palestra, conferência, discurso, editorial, artigo...
6. O veículo adotado: comunicação escrita ou falada.
7. etc.

Quanto às linguagens próprias de grupos sociais, as obras de referência costumam citar a gíria, que teria sido, originalmente, um linguajar secreto dos malfeitores, com circulação limitada ao Rio de Janeiro. Hoje, além da gíria, é preciso considerar as linguagens especiais de grupos que seria politicamente incorreto qualificar como malfeitores, tais como os dependentes de drogas, os homossexuais e os jovens. Nesses e em outros grupos, nascem continuamente palavras e fraseologias que, ao cabo de algum tempo, podem incorporar-se à língua comum. O mesmo acontece com as linguagens técnicas das profissões culturalmente mais relevantes.

Atividades: escolha uma

Com a ajuda de seus colegas, identifique um problema de interesse comum e pense em uma moção a respeito (uma moção é um documento destinado a alguma autoridade, que tem por objetivo chamar a atenção para um determinado problema e apoiar uma determinada solução). Dessa moção deverão ser redigidas duas versões: uma em português padrão culto e outra em gíria. Vocês pretendem publicar a moção num jornal de grande circulação, e avaliam os prós e os contras de publicá-la em português-padrão ou em gíria.

Em algumas regiões do Brasil, as festas juninas são também festas caipiras. É então comum que essas festas sejam anunciadas por meio de cartazes escritos em português "caipira". Se você é de uma dessas regiões, faça um desses cartazes.

Os locutores que animam as festas de peão de boiadeiro têm uma fala característica. Procure ouvir (ou lembrar) a fala de um desses artistas e reproduza-a para sua classe.

Exercícios

1. O ex-presidente Jânio Quadros, além de algumas explicações pouco convincentes sobre sua renúncia ao principal cargo político do país, legou à posteridade algumas frases que foram tão eficazes para criar um tipo quanto a vassoura, o bigode, os óculos de aro grosso e a cena de comer sanduíches de mortadela durante os comícios:

Fi-lo porque qui-lo
Bebo whisky porque é líquido. Se fosse sólido, come-lo-ia
Esta São Paulo onde eu me criei

Que característica do português culto têm em comum as três frases aqui transcritas?

2. Muitas músicas de Adoniran Barbosa foram propositalmente escritas em português substandard, e exibem com orgulho as características dessa variedade. É o caso de "Saudosa Maloca", um dos maiores sucessos daquele sambista. Observe a letra:

Se o senhor não está lembrado, dá licença de eu contar
Aí onde agora está esse adifício arto
Era uma casa velha, um palacete assobradado.
Foi aí, seu moço, que eu, Mato Grosso e o Joca

198 Introdução ao estudo do léxico - brincando com as palavras

Construímos nossa maloca.
Mas um dia (nóis nem pode se alembrá)
Veio os home cas ferramenta,
Que o dono mandou derrubá.
Peguemos todas nossas coisa
E fumo pro meio da rua, apreciá a demulição.
Ai qui tristeza qui nóis sentia
Cada tauba que caía doía no coração.
Mato Grosso quis brigá, mas o Joca arrespondeu
Os home tá ca razão, nóis arranja outro lugá.
Só se conformemo quando o Joca falou
Deus dá o frio conforme o cobertô
E agora nóis pega as paia nas grama do jardim
E pra consolar, nóis cantemo assim

> *Saudosa maloca*
> *Maloca querida*
> *Dindindonde nóis passemo*
> *Os dia feliz de nossas vida.*

Ouça uma gravação de "Saudosa Maloca" (ou de outra música de Adoniran Barbosa, com as mesmas características linguísticas). Imagine em seguida a mesma música em português culto: o efeito seria o mesmo?

3. O debate político é rico em episódios nos quais os representantes das classes mais abastadas procuram desclassificar os representantes das camadas mais humildes, mostrando que eles "não falam direito". Um desses episódios, contado pelo linguista Carlos Franchi, aconteceu na década de 1960 em Jundiaí (SP), quando o vereador Antônio Galdino, ativo representante de um bairro de periferia, foi acusado de "não saber falar", porque "errava" sistematicamente a concordância do verbo com os pronomes de primeira pessoa do plural. Veja a resposta do vereador e diga o que pensa dela. Comente em seguida a afirmação de que o vereador do povo errava suas concordâncias "sistematicamente".

> *"A diferença entre nóis e ocêis é que ocêis fala 'nós fazemos, nós fazemos' o tempo todo,*
> *mas de verdade, ocêis não faiz nada.*
> *Nóis não diz o tempo todo 'nóis fazemos, nóis fazemos',*
> *mas quando nóis diz que nóis faiz, nóis faiz memo".*

4. Durante a campanha eleitoral de 1989, que opôs o candidato do Partido dos Trabalhadores (PT) Luís Inácio da Silva, o Lula, e o candidato do Partido da Renovação Nacional (PRN), Fernando Collor, a mídia aplicou à linguagem de Lula uma marcação cerrada, dando uma repercussão enorme aos "erros" (reais ou imaginários) desse candidato. Ao mesmo tempo, nas entrevistas, todos os entrevistadores se dirigiam ao candidato Lula pelo pronome "você", e ao candidato Collor pela expressão de tratamento "o senhor". Há coerência entre essas duas atitudes da mídia? Por quê?

5. Na linguagem familiar e na gíria são comuns as locuções adverbiais (de modo, de meio...) formadas por meio da preposição em: fazer alguma coisa *na marra*, ganhar dinheiro *no mole*, responder na bucha, na lata, ganhar um jogo na raça, sair na louca provocando todo mundo, viver *no maior miserê*, *na pindaíba*, desalojar alguém *no muque, na porrada*... Não há nada de errado com essas expressões quando elas são usadas num contexto mais ou menos informal, mas seu uso em situação formal tende a ser interpretado como falta de recursos expressivos. Lembre situações em que uma ou outra dessas formas viria a propósito. Depois, conte a mesma história em português culto.

6. Os textos da assim chamada "literatura ocasional" (folhetos, santinhos, propaganda etc.) são escritos às vezes por pessoas que dominam mal o português culto e, por isso apresentam duas características que revelam, cada uma à sua maneira, essa precariedade: (1) as interferências do português substandard e (2) a hipercorreção, isto é, o recurso a formas pouco usuais ou mesmo erradas, mas que parecem "mais corretas" a quem escreve. As duas características estão presentes neste folheto, distribuído num terminal rodoviário de Campinas. Identifique-as.

LEIA COM ATENÇÃO
Não jogue fora este folheto, que pode ser útil

MÃE SARA RESOLVERÁ COM UMA SÓ CONSULTA E SEUS FORTÍSSIMOS BENZIMENTO CATÓLICOS. O QUE MÃE SARA ALCANÇA DE GRAÇA ASSIM DISTRIBUI COM SUAS CARIDADES. PORQUE A DOR, O SOFRIMENTO? MUITOS NÃO SABEM. QUANTAS PESSOAS SOFREM, SENTEM-SE EMBARAÇADOS NA VIDA, DOENTES, VENCIDAS E EXPERIMENTAM O AMARGO SABOR DA INFELICIDADE, SEM SABER PORQUE, ATORMENTADAS POR FORÇAS INVISÍVEIS. NÃO SABENDO COMO LIBERTAR-SE. CONHECEDORA DE TODOS OS FORTÍSSIMOS BENZIMENTOS SUA MEDIUNIDADE, BENZEDEIRA MÃE SARA RECEBE MENSAGENS ESPIRITUAIS PARA ATENDER OS QUE DELA NECESSITAM, SOIS INFELIZ COM VOSSA FAMÍLIA? NECESSITAIS DESCOBRIR ALGO QUE VOS PREOCUPA? QUEREIS ALCANÇAS BONS EMPREGOS E PROSPERIDADE? TENS PROBLEMAS COM SUAS LAVOURAS? FACILITAR ALGUM CASAMENTO DIFÍCIL? QUEREIS VOLTAR A PESSOA QUE DE TI TENHA SE SEPARADO? QUEREIS TIRAR A EMBRIAGUÊZ DE ALGUÉM? FAÇA ENTÃO HOJE MESMO UMA ENTREVISTA COM A ESPÍRITA BENZEDEIRA MÃE SARA, QUE FICARÁS SATISFEITO COM UMA CONSULTA, JOGOS DE BÚZIOS E TAROS.

200 Introdução ao estudo do léxico - brincando com as palavras

ATENDE-SE DIARIAMENTE EM SUA RESIDÊNCIA:
DAS 8 ÀS 20 HORAS.
TAMBÉM AOS SÁBADOS, DOMINGOS E FERIADOS.

7. No futuro, quando os historiadores da língua portuguesa se debruçarem sobre as inovações ocorridas no léxico do português padrão na segunda metade do século XX, eles terão que chamar a atenção, entre outras, para uma série de palavras e expressões que tiveram origem no mundo da droga. A seguir, listam-se algumas dessas palavras e expressões, com o sentido que tinham inicialmente na gíria dos usuários de drogas. Pede-se que você explique o sentido que elas têm hoje no português comum, dando exemplos.

dar bandeira – alguém que dá bandeira é alguém que não consegue disfarçar que está sob os efeitos da droga;
bode / barato – estado provocado pelo uso da droga;
baratinado, xarope, doidão, pirado – é alguém que está sob os efeitos do "barato", isto é, a intoxicação pela droga;
viajar / curtir um barato – entregar-se aos efeitos da droga;
viagem – a alucinação produzida pela intoxicação;
o fim da picada – a picada em questão era a injeção de entorpecentes;
ouriçado – impaciente por drogar-se.

8. Quando a língua comum incorpora expressões que eram usadas inicialmente apenas na língua de um grupo, podem surgir pequenos desentendimentos ou constrangimentos, que geralmente são superados com o tempo e com o uso. Veja o constrangimento que causou em outras épocas o uso de uma expressão que tinha inicialmente um uso restrito às conversas entre mulheres:

Outro tipo de comunicação hermética era usado pelas jovens, que não desejavam ser entendidas por elementos estranhos ao grupo. Consistia tal tipo de comunicação no uso de linguagem figurada, na qual certas palavras eram empregadas, dando-lhes conotação convencional, só conhecida do grupo. Sei de fato muito interessante ocorrido com um rapaz que ouvindo determinada expressão, guardou-a com sentido diferente daquele que tinha no miniuniverso das jovens. Tendo estado de cama por alguns dias, por achar-se com gripe, causou escândalo entre as conhecidas ao declarar que "estivera de molho". Encabulado, perguntou a alguém a razão dos risinhos de mofa das jovens, surpreendendo-se, quando foi informado de que a expressão por ele empregada se referia a determinado estado fisiológico, peculiar à mulher... Posteriormente, essa expressão teve seu uso generalizado, incorporando-se à língua, com conotação mais ampla para significar ter estado de cama, doente, sendo hoje usada indiferentemente por indivíduos de ambos os sexos, sem constrangimento de quem a emprega e sem escândalo dos ouvintes [...]

[Benedito Barbosa Pupo, *Oito Bananas por um Tostão*, Campinas, Secretaria Municipal de Cultura, Esporte e Turismo, 1995]

9. As expressões que falam da morte são numerosas, fato às vezes explicado pelas noções de tabu e de eufemismo. Seja como for, entre essas expressões há algumas que tratam do tema com respeito, outras com irreverência e mesmo desprezo. Na lista de expressões que segue, aponte aquelas que você não usaria para falar seriamente da morte de um ente querido:

alimentar tapuru
abotoar o paletó
bater (com) as botas
bater a canastra
bater com o rabo na cerca
entregar a alma a Deus
esticar a canela
falecer
finar-se
ir comer capim pela raiz
ir para a cidade dos pés juntos
ir para a cucúia
ir para o beleléu
ir para o vinagre
morrer
passar desta para melhor
vestir o pijama de madeira

10. A linguagem dos malandros dispõe de vários termos para distinguir situações que na linguagem corrente seriam qualificadas, genericamente, de roubos. Eis algumas:

afano / alívio / capianagem – furto realizado sem violência e sem arrombamento.
autópsia – furto realizado às custas de uma pessoa bêbada ou adormecida.
cavalo doido – o tipo de roubo, usado tipicamente pelos trombadinhas, em que o ladrão esbarra na vítima.
punga – furto sem violência, realizado tipicamente pelo batedor de carteiras (o punguista).

descuido – furto que se pratica aproveitando a distração da vítima.

suadouro – furto praticado contra os clientes de uma prostituta.

ventana – furto em que o ladrão (ventanista) entra na casa da vítima pela janela.

Acompanhe por alguns dias a crônica policial em algum jornal que circula em sua cidade. Verifique se em alguma das notícias aparecem nomes que indicam o modus operandi do criminoso ou sua "especialidade".

LEIA TAMBÉM

LER E COMPREENDER
os sentidos do texto

Ingedore Villaça Koch e *Vanda Maria Elias*

Ingedore V. Koch, uma das mais importantes autoras de obras de Língua Portuguesa e Linguística em nosso país, com a colaboração de Vanda Maria Elias, apresenta neste livro seu pensamento sistematizado como uma ponte entre teorias sobre texto e leitura e práticas docentes. O objetivo deste livro é, portanto, apresentar, de forma simples e didática, as principais estratégias que os leitores têm à sua disposição para construir um sentido que seja compatível com a proposta apresentada pelo seu produtor.

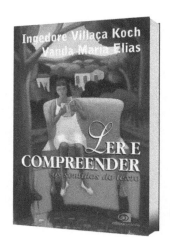

INTRODUÇÃO À SEMÂNTICA
brincando a gramática

Rodolfo Ilari

Introdução à semântica apresenta uma bem humorada explanação, recheada com exercícios que incrementam o conhecimento das principais operações sintáticas relevantes para a significação do português brasileiro. Considerando o muito que há por ser feito, no que se refere à exploração do sentido, o autor se vale de sua ampla experiência para iniciar a discussão sobre a Semântica nos meios educacionais brasileiros. O conceituado linguísta e professor Rodolfo Ilari, mostra ao leitor os inúmeros caminhos possíveis com os recursos lingüísticos disponíveis.

DICIONÁRIO DE ANÁLISE DO DISCURSO

Patrick Charaudeau e *Dominique Maingueneau*

As palavras não servem apenas para expressar ideias e pensamentos, mas também para ocultá-los ou dissimulá-los. Aprender a decifrar as intenções do discurso é uma técnica que interessa não só a especialistas da linguagem, mas também a jornalistas, historiadores, sociólogos, juristas etc. Neste livro, Charaudeau e Maingueneau, duas das maiores autoridades mundiais no assunto, fazem um mapeamento completo dos principais conceitos da Análise do Discurso, por meio de mais de quatrocentos verbetes, escritos com a colaboração de cerca de trinta dos mais conceituados especialistas internacionais da área.

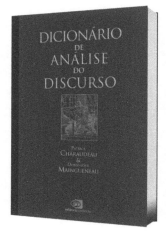

CADASTRE-SE
EM NOSSO SITE, FIQUE POR DENTRO DAS NOVIDADES E APROVEITE OS MELHORES DESCONTOS

LIVROS NAS ÁREAS DE:

História | Língua Portuguesa | Educação
Geografia | Comunicação | Relações Internacionais
Ciências Sociais | Formação de professor
Interesse geral | Romance histórico

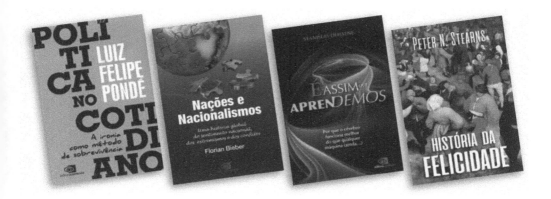

ou
editoracontexto.com.br/newscontexto

Siga a Contexto
nas Redes Sociais:
@editoracontexto